Antonio Mira de Amescua

La fénix
de Salamanca

Edición de Vern Williamsen

Barcelona **2024**
Linkgua-ediciones.com

Créditos

Título original: La Fénix de Salamanca.

© 2024, Red ediciones S.L.

e-mail: info@linkgua.com

Diseño de cubierta: Michel Mallard.

ISBN tapa dura: 978-84-1126-300-9.
ISBN rústica: 978-84-9816-095-6.
ISBN ebook: 978-84-9897-571-0.

Cualquier forma de reproducción, distribución, comunicación pública o transformación de esta obra solo puede ser realizada con la autorización de sus titulares, salvo excepción prevista por la ley. Diríjase a CEDRO (Centro Español de Derechos Reprográficos, www.cedro.org) si necesita fotocopiar, escanear o hacer copias digitales de algún fragmento de esta obra.

Sumario

Créditos _____ 4

Brevísima presentación _____ 7
   La vida _____ 7

Personajes _____ 8

Jornada primera _____ 9

Jornada segunda _____ 57

Jornada tercera _____ 105

Libros a la carta _____ 153

Brevísima presentación

La vida

Antonio Mira de Amescua (Guadix, Granada, c. 1574-1644). España.
De familia noble, estudió teología en Guadix y Granada, mezclando su sacerdocio con su dedicación a la literatura. Estuvo en Nápoles al servicio del conde de Lemos y luego vivió en Madrid, donde participó en justas poéticas y fiestas cortesanas.

Personajes

Don Garcerán Cabanillas, caballero valenciano
Conde Horacio Colona
Don Beltrán, capitán
Don Juan
Solano, lacayo gracioso, criado de don Garcerán
Leonardo, criado de Alejandra
Olivera, criado de don Juan
Rugero Bautista, criado del conde Horacio
Doña Mencía Guzmán, dama salmantina
Leonor, criada de doña Mencía
Alejandra, dama
Ribera, huésped
Funes, sastre
Villena, platero
Camilo, curial de Roma
Don Tello
Morales, correo
Un Criado

Jornada primera

(Salen doña Mencía, con vestido largo y hábito de San Juan, y Leonor, su criada, como capigorrón.)

Leonor   ¿Qué? ¿No estás desengañada?

Mencía   Es invencible mi amor.
               No me fatigues, Leonor.

Leonor   Tu locura es extremada.
               Sin duda, doña Mencía,
               según estas cosas van,
               que ha de ser don Garcerán
               tu perdición y la mía.
               Seis meses ha que saliste
               de Salamanca tras él,
               y sin hallar rastro de él,
               hasta Valencia corriste;
               y agora quieres que esté
               en Madrid. ¡Qué desatino!

Mencía   ¡Ay, dulce amiga! Camino
               tras los pasos de mi fe.

Leonor   ¿Pues, no has mil veces jurado
               no tenerte obligación?

Mencía   Es verdad.

Leonor   ¿Qué es tu intención?
               ¿Qué te da pena y cuidado?
               Si te olvidó, ¿no es costumbre
               de los hombres olvidar?

	Si no tienes qué llorar, ¿qué te ha de dar pesadumbre?

Mencía	¡Ay, amiga! Mi inquietud
	no tanto la causa amor
	cuanto el áspero rigor
	de su fiera ingratitud.
	   La noche que se partió
	aquel cruel, mil amores
	me dijo, que fueron flores,
	que su ausencia marchitó.
	   Y aquella extraña mudanza
	y no pensada partida
	me trae y lleva perdida
	tras una vana esperanza.

Leonor	Pues advierte que este traje tu pretensión no asegura; Medio más fácil procura. No afrentes a tu linaje.
Mencía	No hay, Leonor, dificultad. De ese temor te retira; que en la corte no se mira con tanta curiosidad. Criado del Gran Prior que viene esta primavera he dicho que soy.
Leonor	Quimera de tu ciego y loco amor.
Mencía	Pues, ¿quién ha de reparar que soy mujer?

Leonor	Tu hermosura
lo dirá y mi desventura.
Mencía (Aparte.)	(Aquésta me ha de acabar.)
Pues, ¿no asegura a las dos
esta cruz y esa sotana?
Leonor	Sí, señora, que cristiana
soy, por la gracia de Dios;
mas hay diablos alguaciles
que no se espantan de cruces,
que ven más entre dos luces
que los linces más sutiles;
que, aunque te llames don Carlos,
nombre hueco y campanudo,
y yo Jaramillo el mudo,
no es fácil desengañarlos;
que no ha de ser tu recato
tan grande que alguna vez
no te miren a la nuez
y a los puntos del zapato,
y echen de ver que eres macha,
y por la hebra el ovillo
saquen, y de Jaramillo
descubran también su tacha.
Y, en tal trance, esa cruz blanca
no es la que te ha de salvar,
aunque te quieres llamar
la Fénix de Salamanca;
que a la visita primera,
sin tener duelo o clemencia,
un alcalde nos sentencia
a hilar en una galera.

             Tú, si algún tropiezo das,
         como viuda varonil,
         volveráste a tu monjil,
         entera como te estás;
             pero, ¡ay de mí!, mal pecado
         si su cólera desfoga
         la sala, y quiebra la soga
         por mí, como más delgado.
             Mira que aquellos señores
         sacan de las faltriqueras
         destierro, azotes, galeras,
         y aun dicen que son favores.
             Huyamos de la Ocasión.
         Comámonos de capones
         lo que han de comer soplones.
         Vámonos con bendición,
             porque yo quería llegar
         a tálamo que bien cuadre,
         si por ventura mi padre
         me pretendiere casar.

Mencía   ¡Qué terribles desatinos
         estás diciendo!

Leonor   Señora,
         todo sucede en un hora
         por posadas y caminos.

(Salen a la ventana Alejandra y Leonardo.)

Leonardo   Mi señora, ¿no es gallardo
         don Carlos, nuestro vecino?

Leonor   Que nos miran imagino.

Alejandra	Tienes buen gusto, Leonardo.
	¡Qué bien que pisa y qué airoso!
	¡Qué bien hecho es, qué galán!
Leonor	Señora, mirándote están.
Mencía	Calla y miren.
Alejandra	¡Qué gracioso!
	¿Sabes quién es?
Leonardo	Caballero,
	y del Piamonte.
Leonor	Repara
	que te miran.
Alejandra	Gentil cara.
Leonor	Háblale, que estás grosero.
Alejandra	Hombre será principal.
Leonardo	El hábito lo confirma,
	y tu buen gusto me afirma
	que no te parece mal.
Alejandra	Es así, mas aunque fuera
	un ángel, lo que poseo,
	en tanto estimo, que feo
	y tosco me pareciera;
	porque no hay comparación
	si está de por medio el conde.

Leonardo	¿Y él también te corresponde con igual estimación?
Alejandra	¿Ha venido el coche?
Leonardo	Sí.
Mencía	Si respondiera que no, al Sol le pidiera yo prestado el suyo.
Leonor	¡Eso sí! 　Muy bien empiezas, señor; habla con argentería.
Alejandra	El coche del Sol sería para mí grande favor.
Mencía	¿Queréisle? Que cuando el Sol prestado no me lo diera, en medio de su carrera se le quitara.
Alejandra	Español y bizarro encarecer.
Mencía	Que también los extranjeros tienen aquestos aceros.
Alejandra	Muy bien se os echa de ver; 　mas fuera temeridad meteros en tanto aprieto.

Mencía	Vence tan alto sujeto
la mayor dificultad.
Leonardo	Mira que es tarde, señora.
Mencía	¿Dónde vais?
Alejandra	Al campo salgo.
Mencía	En vos veo, a fe de hidalgo,
lo que del campo enamora,
y agraviáisos si decís
que salís al campo.
Alejandra	¿En qué?
Mencía	Alejandra, ¿no se ve
que fuera de vos salís?,
porque las perlas hermosas
que el alba vierte en las flores,
y matizados colores
de sus mejillas de rosas,
viento sutil y amoroso,
fuentes que risa y cristal
vierten por el arenal
argentado y espacioso;
todo lo ve quien repara
en tan divina pintura,
que del campo la hermosura
es copia de vuestra cara;
y así, no tenéis, por Dios,
a qué salir ni a qué iros,
que no hay para divertiros
más que miraros a vos.

Leonardo	A fe, que es gallardo mozo. ¡Qué bien que cerró el conceto!
Alejandra	¡Qué vecino tan discreto!
Leonardo	¿Qué hará si le crece el bozo?
Alejandra	Deseo con más espacio, señor don Carlos, gozar de vuestro pico.
Leonardo	Picar queréis en el pobre Horacio.
Mencía	Cuando fuéredes servida; que cerca está la posada.
Alejandra	Adiós.
Mencía	Ella va picada.
Leonor	Tú, ¿cómo quedas?
Mencía	Perdida.

(Quítase de la ventana Alejandra y salen el capitán don Beltrán y don Juan.)

Beltrán	Este don Carlos, don Juan, ¿es fraile o es caballero?
Leonor	No hagas la calle terrero; que viene allí el capitán.

Juan	Caballero y principal,
	según estoy informado;
	que pasa a Malta, y criado
	del Gran Prior.

(Hablan de oído Leonor y doña Mencía.)

Leonor	No hagas tal,
	que es el viejo mal sufrido
	y se pica de valiente;
	del pie te mira a la frente.

| Mencía | Vamos; que me han conocido. |

(Vanse Leonor y Mencía.)

| Beltrán | Hablarle quiero. |

Juan	Sería,
	si no hay otro fundamento,
	notable deslumbramiento;
	sosegaos, por vida mía.

Beltrán	¿Qué fundamento mayor
	queréis, don Juan, que encontralle
	cada día en esta calle?

Juan	No hay sin celos firme amor.
	Si el encontrar cada día
	a don Carlos os enfada,
	¿qué ha de hacer, si su posada
	tiene enfrente de la mía?
	Celos tuvistes ayer
	del conde Horacio, y cuidado

          hoy, Capitán, os ha dado
          don Carlos. Puedo temer
             que también de mí mañana
          tendréis sospecha y temor.
          ¿Con tantos celos y amor
          os adorará mi hermana?

Beltrán   Mientras que la posesión
          no tiene el galán que ama,
          señor don Juan, de su dama,
          no halla alivio su pasión;
             y así, en tanto que no sea
          Alejandra mi mujer,
          no dejaré de tener
          celos de quien la pasea.

Juan   Nadie, don Beltrán, festeja
          su calle, ni su ventana,
          ni a ningún hombre mi hermana
          silla ha dado ni ha hecho reja;
             que su honrado nacimiento,
          recato y honestidad
          refrena la libertad
          y acobarda el pensamiento;
             porque no hubiera señor,
          por grave y rico que fuera,
          que a raya no le tuviera
          su honestidad y valor.
             Y es demasiado reñir,
          si sale en coche o si no,
          dónde va, quién se le dio
          y del bien y el mal gruñir;
             mas creo que brevemente
          vendrá la dispensación,

con que vuestro corazón
se asegure fácilmente,
   y una vez que estéis casado,
como dueño de mi hermana,
tapiad la puerta y ventana,
no la dejéis ir al Prado;
   no salga, en silla o en coche,
a ver madre, abuela o tía,
tenedla en prensa de día
y en una estufa de noche;
   y como tío y cuñado,
capitán, me perdonad;
que el amor y la amistad
esta licencia me ha dado.
   Y si os queréis divertir
y gozar del fresco un rato,
vamos al Prado.

Beltrán (Aparte.)   (¡Qué ingrato
tanto amor me ha de salir!)
   ¿No venís?

(Vase.)

Beltrán   Ya voy tras vos.
Poneos a caballo luego;
mas este celoso fuego
tengo de apagar, por Dios;
   que, quitada la ocasión,
menos el daño amenaza.
Ya se me ofrece una traza,
pondréla en ejecución;
   que, si puedo, aquesta noche
ha de dejar la posada

      don Carlos desocupada,
      aunque yo vele y trasnoche;
        que el huésped es conocido
      y el dinero poderoso,
      y un hombre, si está celoso,
      hará lo que un ofendido.

(Vase. Salen don Garcerán, de camino, y Solano, lacayo, también de camino.)

Garcerán	¿Dónde tomaste posada?
Solano	Junto al Carmen.
Garcerán	¿Preveniste la cena?
Solano	Sí.
Garcerán	¿Qué trujiste?
Solano	Un capón y una empanada, dos perdices...
Garcerán	Bien las como.
Solano	Medio cabrito extremado, dos gazapos...
Garcerán	¡Regalado plato!
Solano	Tienen tanto lomo. Un gigote de carnero...

Garcerán	Si está manido, no es malo.
Solano	Un jamón...
Garcerán	¡Gentil regalo! Has hecho buen despensero.
Solano	De clarete y moscatel tres azumbres; que sin vino está en la mesa el tocino como cautivo en Argel.
Garcerán	Yo tengo bien qué cenar.
Solano	¿Que es buena cena?
Garcerán	Extremada.

Solano	Pues, ven. La verás pintada
	que no hay más que desear,
	  en esta calle primera;
	que parece que el pintor
	dio a los gazapos primor
	y sazón a la ternera.
	  ¿No me dirás, por tu vida,
	qué bolsón diste a Solano
	para que te tenga, ufano,
	mesa y cama prevenida?

Garcerán	Luego, ¿no tienes dineros?
Solano	¿De qué los he de tener, Garcerán, si desde ayer estamos los dos en cueros?

| Garcerán | ¿No te di trescientos reales
en Valencia? |

| Solano | No lo niego;
mas oye la cuenta, y luego
podrás ver si están cabales. |

(Saca un papel de cuentas.)

«Cuenta de lo que Solano
ha gastado en el camino.»

| Garcerán | Y dala también del vino. |

| Solano | ¡A fe que está en buena mano!
　Sesenta reales gasté
en la maleta y cojín;
por dos mulas di a Machín
noventa, y me vine a pie.
　Ves, ahí tienes la mitad;
ítem: veinte que perdiste
y dos que a una moza diste,
que tuvo necesidad.
　Ciento en comida y posada
desde Valencia hasta aquí,
diez y ocho que bebí
de vino en esta jornada.
　¿Cuántos faltan, si has contado
para los trescientos? |

| Garcerán | Treinta. |

| Solano | ¿Justos? |

Garcerán	Justos.

Solano	En la cuenta
	estoy, por Dios, engañado;
	  que treinta menos cuartillo
	al huésped di de señal,
	mas por falta de orinal,
	me acuerdo, compré un jarrillo,
	  y con aquesta partida
	están los treinta cabales.
	Mira tus trescientos reales,
	y la cuenta concluida.

Garcerán	Toma, vende esta cadena.
Solano	Del dinero, ¿qué has de hacer?
Garcerán	Mientras negocio, comer.

Solano	¿Comer dices? ¡Bien me suena!
	  Mas, gastada, ayunaremos
	al traspaso cada día.
	Señor, ¿qué estrella te guía
	que tan mal viaje traemos?
	  ¿Qué pretendes?

Garcerán	Irme a Flandes con un entretenimiento, y entre tanto hacer asiento con uno de aquestos grandes.
Solano	¿Qué? ¿Quieres servir?

Garcerán	Solano,
el que no sirve no medra;
de un olmo quiero ser hiedra
para que me dé la mano.
Con el de Pastrana o Feria
pienso tratarlo mañana.
Solano	Con el de Feria o Pastrana
repararás tu miseria;
que como grandes señores
no harán las cosas pequeñas.
Apostaré que te sueñas
general con sus favores.
Garcerán	Mal estás con el servir.
Solano	Pues, ¿no quieres que esté mal?
Servir, señor, a su igual
es, don Garcerán, vivir
y no a un señor soberano,
que has de estar delante de él
como el ángel San Gabriel
con el sombrero en la mano;
y si llama, con más olas
ha de ser que tiene el mar.
Sin servir puedes pasar;
ándate, señor, a solas,
y si no, vuelve los ojos
a aquella Fénix divina.
Deja la corte, camina,
concilia tantos enojos,
da la vuelta a Salamanca,
que allí está doña Mencía.
Ya conoces su hidalguía,

        voluntad segura y franca.
          Viudo estás, no hay qué temer;
        resuélvete, Garcerán;
        que allí esperándote están
        con hacienda y con mujer;
          mas cuando de ella me acuerdo
        y de tu fiera mudanza,
        mi imaginada esperanza,
        como los sentidos, pierdo.

Garcerán
          Dices bien; que fue rigor;
        mas no lo pude excusar,
        que dejarla fue estimar,
        como era justo, su honor.

Solano
          Pues decirle a la partida:
        «Quedad con Dios», ¿qué importaba?

Garcerán
        Deja esa materia, acaba.
        ¡Ay, ausente de mi vida!

Solano
          ¿Hay intervalos, señor?
        ¿Qué discurres o qué sientes?

Garcerán
        Memoria, no me atormentes
        con tan extraño rigor.

Solano
          ¿Date la viuda cuidado?

Garcerán
        Y aun acabarme podría.

Solano
        ¡Necedad! Toma alegría.
        Mira este famoso Prado,
          esta mezcla de colores

en jardines diferentes,
bullir y saltar las fuentes,
reír y alegrar las flores.
　　Los varios coches que en tropa
discurren el alameda,
que, hiriendo el viento en la seda,
caminan con viento en popa;
　　las damas que a los estribos,
con su donaire español,
salen dando luz al Sol,
como a su gala cautivos;
　　esta confusión que espanta,
y esta grandeza que admira,
de tanta verdad mentira
que se celebra y se canta,
　　de tanto amor sin amor,
de tanta gente perdida,
de tanta bárbara vida,
de tanto gentil señor,
　　de tanto a pie caballero
que se ve y se disimula,
de tanto bonete y mula,
de tanto mulo y sombrero,
　　de tanto ciego con vista,
de tanto malo buen hombre,
de tanto sabio sin nombre,
de tanto loco alquimista,
　　de tanto ingenio abatido,
de tanto necio encumbrado,
de tanto ingrato olvidado
del favor que ha recibido,
　　de tanta dama pelota,
de tanto galán pelote
que se viste y come a escote

                    de los que la pobre escota.

Garcerán   ¿Has de hablar hasta mañana?

Solano   Mucho la ocasión provoca.
                    ¡Por Dios!, que me iba de boca
                    y hablaba de buena gana.

Garcerán   Retírate aquí, Solano.
                    Veremos pasar la gente.

(Apártense a un lado y salen el conde Horacio, Rugero, su criado, y Alejandra.)

Horacio   Fresco está el Prado.

Alejandra   Excelente.

Horacio   Lindo sitio.

Garcerán (Aparte.)   (Y linda mano,
                    gentil mujer.)

Solano (Aparte.)   (Por mi fe,
                    que es buena ropa.)

Horacio   Rugero,
                    avisarás al cochero
                    que dé la vuelta.

Rugero   Sí, haré.

(Vase Rugero.)

Alejandra   Entrarme en él es mejor;

	que apearme ha sido exceso,

que apearme ha sido exceso,
y temo algún ruin suceso.
Hacedle llegar, señor.
   No quiera mi desventura
traer por aquí a mi hermano.

Garcerán   Gallarda mujer, Solano.

Solano   ¿Hay ya nueva picadura?
   ¿Hirióte con ballestilla
el dios ciego y herrador?

Horacio   Mi bien, aqueste temor
con razón me maravilla.
   ¿Tan poco mi fe te debe,
que un flaco temor te impide?

Alejandra   ¿Flaco te parece? Mide
con mi amor tu gusto breve.
   Verás, conde, si es razón
que tema, como mujer,
lo que puede suceder
en semejante ocasión.
   Don Beltrán anda celoso,
don Juan no sospecha en vano,
y si es el uno mi hermano,
el otro se llama esposo.
   ¿No he de temer? ¿No he de estar
siempre el alma en centinela?
Si es mi honor quien te desvela,
no des al llanto lugar.
   No quieras paguen mis ojos
lo que han de sentir perderte.
¡Ay, Dios, qué trance tan fuerte!

| | ¡Qué ciertos son mis enojos! |
| | Muerta soy, conde. |

| Horacio | ¿Qué viste? |

| Alejandra | A mi hermano y don Beltrán. |

| Horacio | ¡Bravo temor! ¿Dónde están? |

| Alejandra | Hacia acá vienen. ¡Ay triste!
| | Perdida soy. Negra noche,
| | apresura tu carrera.
| | ¡Ay, Dios! ¡Si el coche viniera! |

(Sale Rugero.)

| Rugero | Aquí está, Alejandra, el coche. |

| Horacio | Repórtate. |

| Alejandra | No es posible;
| | que temo ser conocida. |

| Horacio | Toma el coche. |

| Alejandra | Estoy perdida. |

| Horacio | Y de cobarde, terrible. |

(Vanse Alejandra y el conde Horacio.)

| Solano | Ya toma el coche. |

| Garcerán | Turbada |

	parece; que ya cayó.
Solano	¿No estuviera cerca yo? ¡Bien vestida está y calzada!
Garcerán	¿Qué viste?
Solano	Lo que encender pudiera un mármol. Manteo que lo guarneció el deseo, que no hay más que encarecer; algo de la media y pie, que con un zapato justo, parece que brinda al gusto para descalzarle, a fe; mas parecióme tener una falta, y no lo es, que tener grandes los pies es sobra en una mujer.

(Sale Horacio.)

| Horacio (Aparte.) | (¡En qué extraña confusión
estoy metido, que veo
a riesgo lo que deseo
y en la mano la Ocasión.
  Si voy con ella, destruyo
su opinión; y si me quedo,
a ley de quien soy, no puedo
excusar lo que rehúyo.
  Si el coche ven, por las pías
han de conocer su dueño.
En grave ocasión me empeño.
Desdichas son éstas mías. |

	¡Qué solo que me han dejado
mis criados! Ni un amigo
de los que comen conmigo
no descubro en todo el Prado;
pero allí está de camino
un hombre, a lo que parece;
que en él el cielo me ofrece
todo mi bien, imagino.)
¿Caballero?
Solano	¿A quién, señor,
llamáis?
Horacio	A los dos.
Solano	Decí:
«¡Ah, caballeros!» que así
os responderán mejor.
Garcerán	¿No os callaréis, majadero?
¿Qué manda vuesa mercé?
Horacio	En vuestro talle se ve
que sois noble caballero.
Garcerán	Si importa serlo, señor,
para serviros, yo he sido
desgraciado, aunque he tenido,
siendo humilde, algún valor;
y si con él puedo y valgo,
me podéis, señor, mandar
y de mí os asegurar
como del mejor hidalgo.

| Horacio | De que lo sois, muestra clara
me da vuestra gentileza,
porque se ve la nobleza
en el lenguaje y la cara;
   pero, porque cierta dama
de prendas y de valor,
con la tardanza, su honor
se aventura y se disfama,
   no quiero el tiempo gastar
en ofrecimientos vanos;
que con términos más llanos
la merced pienso pagar.
   Solo os suplico entre tanto
que pongo a salvo aquel coche,
que ya no quiere la noche
encubrirle con su manto,
   detengáis dos caballeros
que por aquí han de pasar,
sin que deis, señor, lugar
a desnudar los aceros.
   El uno es mozo y galán,
y el otro, aunque cano y viejo,
es su brío y su despejo
de un valiente capitán.
   Plumas trae negras, y espada
guarnecida de ataujía;
si erráis las señas sería
perderme en esta jornada. |
|---|---|
| Garcerán | No tenéis más que informarme.
Seguid el coche, señor;
que en ocasiones de honor
sé muy bien aventurarme.
   Las señas son conocidas; |

	bien podéis, señor, partir;
	que aquí están para os servir
	dos espadas y dos vidas.

Horacio   Bésoos las manos mil veces
            por la merced que me hacéis.
            Cielos amigos, seréis
            de aquesta amistad jueces.

(Vase Horacio.)

Garcerán   ¿Dónde vas tú?

Solano   A detener
            las mulas en que venimos,
            aunque al paso que trujimos
            postas serán menester.

Garcerán   ¿Para qué son postas, loco?

Solano   Mal discurres, Garcerán.

Garcerán   Presto vaguidos te dan.

Solano   Siempre me estimas en poco;
              mas hazme un placer, señor,
            de advertir lo que imagino;
            que el consejo tras el vino
            no suele ser el peor.
              Sin saber quién es el hombre
            que de aquí partió ligero,
            sin informarte primero
            de su calidad y nombre,
              te has empeñado a estorbar

                      a dos hombres este paso,
ves aquí que paso a paso
llegan y quieren pasar.
   ¿Qué has de hacer si su porfía
fuese tan grande, en rigor,
que juzgasen por temor
hablarles con cortesía?
   ¿No es lance, no es ocasión
para venir a las manos
si son los dos cortesanos
y tú de buena opinión?
   Pues si reñimos, hay vidas
para este acero sangriento;
y en tal caso es de momento
tener postas prevenidas.

Garcerán	Has discurrido, Solano,
	con el temor, altamente;
	siempre el cobarde es prudente.
Solano	Como el atrevido insano.
Garcerán	No tienes qué prevenir
	ni de qué tener temor;
	que el cielo lo hará mejor
	que tú lo sepas pedir.
	Y si los dos que recelas
	acertaren a pasar,
	huir podrás sin matar,
	pues no te faltan espuelas,
	que yo tengo de acudir
	a quien estoy obligado;
	que la palabra que he dado,
	fue de esperar, no de huir.

	Y cuando hacer bien se ofrece,
	sin saber a quién se hace,
	es lo que más satisface;
	que aquello más se agradece.

Solano   Bien dices —mas digo mal—
en saber si cena a oscuras
éste por quien te aventuras,
o con un cirio pascual;
    si es merced, o tú, ni vos,
señoría o excelencia,
por quien se pueda en conciencia
reñir y matar a dos;
    que sería gran desastre
ser este tal hidalgote
un escudero guillote
o por gran ventura un sastre.

Garcerán   Sin duda que es caballero.

Solano   ¿Caballero? ¿En qué lo vistes?

Garcerán   ¿Los guantes de ámbar no olistes?

Solano   ¿No podría ser guantero?

Garcerán   Espera; que aquéstos son.

Solano   Tentemos la de Bilbao;
aunque estuviera en el Grao
mejor que en esta ocasión.

(Salen el capitán don Beltrán y don Juan.)

Juan	No ha de encubrirles la noche la libertad de los dos.
Beltrán	Aguijemos; que, por Dios, que van juntos en el coche.
Juan	¿No tomaremos razón si han pasado por aquí?
Beltrán	¿Qué hay que tomar? Yo los vi.
Juan	Ciega mucho la pasión; informémonos primero.
Beltrán	¡Qué flema tenéis extraña! ¡Oh, nunca viniera a España! Informaos, pues.
Juan	Caballero, ¿ha rato que estáis aquí?
Garcerán	Toda esta tarde.
Juan	¿Ha pasado por aquí un coche encarnado?
Garcerán	Un coche no, coches sí.
Beltrán	De éste tiran cuatro pías que gobiernan dos cocheros.
Solano	¿Llevan libreas?
Juan	Vaqueros

	azules.
Solano	Habrá diez días que ese coche vi en Valencia, y en él al virrey, por Dios.
Beltrán	No hablan, lacayo, con vos.
Solano	Lacayo, con reverencia.
Juan	No seáis hablador, hermano; que no venimos de humor.
Garcerán	Que éste es un loco, señor. ¿Que no has de callar, Solano? Aunque he visto con cuidado y admiración juntamente aqueste Prado excelente y los coches que han pasado, no he visto por él pasar ni atravesar la carrera el que decís. Yo quisiera...
Beltrán	Que no hay qué nos informar; que por aquí fue, y la vuelta tomó hacia Atocha. Don Juan...
Solano (Aparte.)	(¿Don tenemos?)
Juan	Don Beltrán...
Solano (Aparte.)	(¿Otro don más? Que hay revuelta...)
Juan	Seguidme.

Garcerán   Será cansaros;
                 mas si buscarle os importa,
                 por otra senda más corta
                 que vais, he de suplicaros;
                    que allí delante, un amigo
                 está hablando con su dama,
                 e importa mucho a su fama
                 no tener ningún testigo.
                    Hacedlo, por vida mía,
                 que en la corte a un forastero
                 hacer suele el caballero
                 amistad y cortesía.

Beltrán   Ya fuera mucho trabajo
                 y notable desatino
                 dejar el cierto camino
                 por buscar incierto atajo;
                    que para quien va de prisa
                 es demasiado rodeo.

Garcerán   No hay duda, sino que creo
                 que la ocasión es precisa;
                    mas córreme a mí mayor
                 obligación y cuidado,
                 si un amigo me ha dejado
                 encomendado su honor.
                    Halle esta vez a los dos
                 gentileza y cortesía,
                 porque si pasáis, sería
                 descomponerme, por Dios;
                    que la mujer es honrada
                 y el amigo conocido,
                 y por ventura habrá sido

	forzosa la retirada.
Beltrán	Impórtanos conocer quién va en aquel coche.
Garcerán	A mí que no paséis por aquí.
Beltrán	¿Cómo no?
Garcerán	Aquesto ha de ser.

(Meten mano.)

Solano	Antes que acuda al reclamo del ¡chas, chas!, alguna gente, guardaré como valiente las espaldas a mi amo.

(Salen doña Mencía y Leonor en el hábito dicho y ponen mano [para] favorecer a Garcerán.)

Leonor	Cuchilladas son. Acude.
Mencía	Parécenme forasteros; aguija. Paz, caballeros, paz digo, y nadie se mude.
Beltrán	Retirémonos, don Juan.

(Vanse el capitán [Beltrán] y don Juan.)

Mencía (Aparte.)	Mucha merced me haréis. (Ojos, ¿qué es esto que veis?

         ¿No es éste don Garcerán?
           ¿No es éste el ingrato? ¡Cielos!)

Solano   Yo he andado como un león.

Mencía (Aparte.)   (Saber quiero la cuestión,
y, ¡ay de mí!, si fue por celos.)
   ¿Por qué ha sido la pendencia,
podremos saber, hidalgo?,
que aventurar lo que valgo
obliga vuestra presencia.

Garcerán   Agradezco ese favor
como venido del cielo;
que pocas veces da el suelo
tanta hermosura y valor.
   Pero si gustáis saber
la causa de esta cuestión,
fue cumplir mi obligación
y amparar [a] una mujer.

Mencía   Bien ha sucedido. Aquí
me esperad; que no es razón
si aquésa fue la ocasión
se quede el negocio así.

Garcerán   Aquí os espero.

(Aparte las dos.)

Mencía   Leonor,
no te apartes de su lado.

Leonor   ¿Importa?

| Mencía | Ser mi cuidado
y mi tormento mayor. |

(Vase doña Mencía y sale el conde Horacio.)

| Horacio | ¿Llegué tarde? |
| Solano | La tormenta,
gracias a Dios, que ha pasado. |
| Horacio | ¡Oh, nunca ciñera al lado
espada que así me afrenta!
¿Qué ha sido aquesto, señor? |
| Garcerán | Lo que no pude excusar. |
| Horacio | ¿A quién tengo de pagar
tanta merced y favor? |
| Solano | A mí, y es bien que celebres
mi valor; que los hidalgos
corrieron como dos galgos
suelen correr tras las liebres. |
| Garcerán | Óyete, loco, no afrentes
sus espadas sin respeto;
que anduvieron, os prometo,
bizarros como valientes. |
| Horacio | En todo sois extremado
con superior excelencia;
que el valor y la prudencia
veo en vos en igual grado. |

	Decidme si sois servido,
	vuestro nombre y calidad;
	que una perfecta amistad
	en veros me he prometido;
	que con hacienda y persona
	os he de servir, señor.
[Sale dona Mencia.]	Halle en vos este favor
	el conde Horacio Colona.

Garcerán   Perdone, vueseñoría,
             si en algo anduve grosero;
             que erré como forastero.

Horacio   Sois la misma cortesía.

Solano   Vueseñoría perdone
             mi mala imaginación,
             y también, con el perdón,
             alguna gracia me done;
                que, si va a decir verdad,
             creí que era en el olor
             portugués perfumador
             o hombre de esta calidad.

Garcerán   Conozca vueseñoría
             a Solano mi criado
             por un hombre en quien no ha entrado
             pesar ni melancolía.

Mencía   Esto está hecho, señor;
             la mano me dad de amigo
             de aquellos hidalgos.

Garcerán   Digo

	que les soy su servidor.
Solano	Luego, ¿yo matarlos puedo si los encuentro?
Mencía	También me dad la vuestra.
Solano	Está bien.
Garcerán	Valiente estás.
Solano	Todo es miedo.
Horacio	Decidme, y no os divertáis lo que os tengo suplicado.
Mencía	Si es secreto, aquí apartado estaré.
Horacio	Muy bien estáis. Débole vida y honor a este noble caballero, soy agradecido y quiero saber de quién soy deudor.
Mencía	El conde pide razón, y que el propio gusto tengo os prometo, y os prevengo mayor o igual atención.
Garcerán	Haré lo que me pedís; que obligación es forzosa, si vida tan prodigiosa

con piedad y gusto oís.
  Mi nombre es don Garcerán
Cabanillas y Torrellas,
apellidos de mis padres
don Vicente y doña Greida.
Segundo fui de mi casa,
y como el amor heredan
los segundos de sus padres
y los mayores la hacienda,
mientras que vivieron fui
el alivio de sus penas,
él querido mayorazgo,
su alma y su vida mesma.
En medio de sus regalos
y mi mocedad inquieta,
vino a Valencia una dama,
con sus padres, desde Huesca.
Gente de mediano estado,
que entre las demás, plebeya
y la patricia, tenía
buen lugar por su llaneza.
Víla, parecióme bien,
visité su casa, améla
tanto que creció el amor
hasta casarme con ella.
Sentidos mis padres de ello,
retiráronse a una aldea,
donde acabaron sus días
de vejez y de tristeza.
Quedé sin ellos, cargado
de obligaciones y deudas,
con un enemigo hermano,
con una mujer a cuestas;
encontrado con mis deudos,

con los suyos en contienda,
porque les pido y se excusan,
porque les hablo y me niegan,
hasta que, de lastimados,
mis deudos mi vida ordenan,
mis alimentos componen
y mis trampillas conciertan.
Quisieron que prosiguiese
en la ocupación primera
que acabase mis estudios,
cosa para mí bien recia;
que graduado, podría
con mi calidad y letras
su majestad ocuparme
en una de sus audiencias.
Resolverme fue forzoso,
y dejando en orden puesta
mi casa y a mi mujer
recogida en Santa Tecla,
partí para Salamanca,
y dándome alguna priesa,
llegué, día de San Lucas,
a aquella insigne academia;
tomé casa y compañía,
que me la hicieron muy buena
dos caballeros hermanos,
naturales de Plasencia.
Empecé a estudiar con gana,
y mis trabajos lucieran,
si el catedrático Amor
de ostentación no leyera
la materia de Arte amandi,
tan llena de sutilezas,
que hube menester pasante

                        para mejor entenderla.
                        Ofrecióse la Ocasión,
                        y un día que a San Esteban
                        salí...

(Aparte las dos.)

Mencía   ¡Ay de mí, Leonor,
                        que aquí mi historia comienza!

Leonor   ¿Qué historia o qué calabaza?

Mencía   Luego, ¿no has estado atenta
                        a lo que dice este ingrato?

Leonor   Sí, he estado, y soy una bestia.
                        ¿Garcerán es éste?

Mencía   Sí,
                        calla.

Leonor   Callará mi lengua.
                        Pues, ¿por un hombre casado
                        andamos de venta en venta?

Mencía   ¿Qué quieres? No lo sabía.

Horacio   Pensamientos no os diviertan.
                        Pasa adelante.

Mencía   Señor,
                        no os quedéis en San Esteban.

Garcerán   Digo que vi un mujer,

viuda, hermosa y bella
más que el Sol y que los cielos;
mas no quiero encarecerla,
que todo será afilar
la espada que me degüella,
y despertar la memoria
que me aflige y atormenta.
Solo diré que venía
en un coche con dos dueñas,
tocada de honestidad
y vestida de vergüenza.
Apeóse y oyó misa,
y aquel rato que en la iglesia
estuvo, me vi en la gloria,
gozando de su presencia.
Volvió a ponerse en su coche,
y yo, que estaba a la puerta,
al pasar, todo turbado,
la hice un reverencia.
Miróme, e hizo lo mismo,
fuése, y dejóme en tinieblas,
naciendo de aquestas vistas
mi cuidado y su querella.
Hasta llegar a su casa
la seguí, supe quién era,
con que se aumentó el deseo
de mi temeraria empresa;
que fue casada esta dama
con un tal don Saavedra,
que de un choque de un caballo
murió, entrando en una fiestas;
y tan principal señora,
que de Guzmán y Fonseca
tenía la mejor sangre,

                        y más de seis mil de renta.
                        Con estas partes divinas,
                        otras le dio el cielo, anejas
                        a su mucha calidad,
                        tanto, que por excelencia,
                        como a otra Safos un tiempo
                        la llamó «el milagro» Grecia,
                        «la Fénix de Salamanca»
                        llamaban todos a ésta.
                        Procuré hablarla y servir
                        mujer de partes tan bellas,
                        sin que pasase mi amor
                        los límites de quien era.
                        Dióme el tiempo la ocasión,
                        la Ocasión su corta greña;
                        asíla y entré en su casa;
                        con mi término agradéla.
                        Querer decir sus favores
                        será contar las estrellas.

Mencía (Aparte.)   (¡Ay de mí, si este villano
                        se atreve a mi fama honesta!,
                        que si de lo que no hizo
                        se alaba, esta daga fiera
                        le sacará el corazón,
                        y haré que rabiando muera.)

Garcerán   Mas pongo a Dios por testigo
                        que fue con tanta limpieza
                        que no la toqué una mano.

Mencía (Aparte.)   (¡Ay, Garcerán! Bien pudieras...
                        Hoy mi vida te consagro,
                        y mil, si tantas tuviera;

	y, ¿qué mujer no da el alma
	a un hombre de buena lengua?)
Garcerán	Creció con el largo trato
	nuestro amor, de tal manera
	que era mi alma una Troya,
	y la suya otra Aquileya.
	Por mancebo me tenía,
	y persuadirse pudiera;
	que casados estudiantes
	muy pocas veces se encuentran.
	Enternecióme su engaño,
	y lastimóme la afrenta
	que de ofenderla y burlarla
	a su honor venir pudiera;
	y así, resuelto a morir
	a las manos de la ausencia,
	que no a ofender el cabello
	más corto de su cabeza,
	a la Ocasión di de mano,
	vencí mi propia flaqueza,
	dejé libros, cartapacios,
	amigos, ciudad y escuelas,
	y sin hablarle palabra
	ni escribir sola una letra,
	solo con este criado
	a mi casa di la vuelta.
	Turbóse mi fiero hermano,
	cayó mi mujer enferma;
	que aparecerse así, acaso
	sangre y corazón altera.
	Sintió en mis ojos la causa
	y crecieron las sospechas
	de mi amor su enfermedad,

y acabó con su carrera.
Lloré su muerte temprana;
que no hay vida tan entera
que no la consuman celos
y que no la acaben penas.
Viudo quise partirme
a Salamanca y lo hiciera
que la fe me aseguraba
de aquella adorada prenda,
si un amigo con quien tuve
alguna correspondencia
que trataba de casarse
por cierto no me escribiera.
Di crédito a sus razones;
que si se muda en presencia
la mujer sin ocasión,
ausente, ¿qué hará?, y con ella
al fin mudé parecer;
y partiendo de Valencia
a aquesta corte he venido
a pretender por la guerra,
para que en Italia o Flandes
si se rompieren las treguas,
acabe con mis desdichas
una pistola francesa.

Horacio   Suspenso me habéis tenido,
Garcerán, y entre las cosas
que he oído maravillosas,
ninguna me ha parecido
  tan digna de admiración
como, amando y siendo amado,
dejar un hidalgo honrado
perder tan buena ocasión;

	porque pocos, os prometo,
	tuvieran tanta cordura;
	que siempre el que ama procura
	que llegue su amor a efeto.

Mencía   Anduvo don Garcerán
            como honrado caballero.

Horacio   No hay negaros lo primero;
            pero él hizo mal galán.

Mencía   Peor fuera ofender la fama
            de tan principal mujer.

Horacio   La ocasión no ha de perder,
            señor don Carlos, quien ama;
              y quédese comenzada
            la cuestión para otro día;
            que de Garcerán querría
            saber si tiene posada.

Garcerán   Sí, señor, que mi criado
            la tiene ya prevenida.

Horacio   La mía os tengo ofrecida,
            si de ella no estáis prendado;
              que caballos y dinero
            tendréis a vuestro servicio.

Garcerán   Serviros, señor, codicio,
            que es el premio verdadero;
              mas vino en mi compañía
            un caballero, y los dos
            posamos juntos.

Horacio	Sin vos
voy descontento, a fe mía;
pero aguardaréos mañana
a comer.
Garcerán	A recibir
merced.
Horacio	Bien sabréis cumplir.
Tú también.
Solano	De buena gana.

(Vase el conde Horacio.)

Mencía	Por ganarme por la mano
el conde, no os he ofrecido
lo que él mismo...
Garcerán	Agradecido
os estoy.
Solano	Y está Solano.
Garcerán	Yo os juro, a fe de quien soy,
que he estimado conoceros
tanto, que solo con veros,
mirando mi bien estoy;
que sois del original
más bello que formó el cielo
perfectísimo modelo
y retrato natural;
y no os pese parecer

                a aquella Fénix divina;
                que beldad más peregrina
                no alcanza humana mujer.

Mencía   Antes me quiero estimar
                en más de los que hasta aquí,
                pues habéis hallado en mí
                cosa que os pueda agradar;
                   y si estriba en mi presencia
                parte de vuestro contento,
                no haré, os juro, ni un momento
                de vuestros ojos ausencia.

(Sale Ribera, huésped.)

Ribera   ¿Señor don Carlos?

Mencía   Ribera,
                ¿hay en qué os pueda servir?

Ribera   Véngoos, señor, a pedir
                una cosa harto ligera
                   para vos, que para mí
                es, don Carlos, bien pesada;
                que vos hallaréis posada
                mucho mejor que os la di;
                   pero tal huésped, sería
                toparle grande ventura.

Mencía   Pues, ¿quién quitarme procura
                mi posada?

Ribera   Dicha es mía.
                Por el rey está tomada

	para cierto embajador,
	y aquesta noche, señor,
	ha de estar desocupada;
	que ya la ropa han traído.

Mencía   ¿Y la mía?

Ribera   En mi aposento
la metí. En el alma siento
no haberos mejor servido;
  pero volveréis, que presto
se irá aqueste embajador;
que me debéis mucho amor
y habéis de pagarme en esto.

Mencía   De diferente manera
lo siento; que es gran ganancia
tener huésped de importancia.

Ribera   No, por vida de Ribera.

Mencía   Ve tú, y búscame posada
Jaramillo, y acomoda
la ropa.

Garcerán   Llévanla toda
a la que tengo tomada;
  que allí cerca de la mía
os armarán una cama.

Mencía   Por ventura tendréis dama
y no querrá compañía.

Garcerán   No la tengo, por mi vida.

Mencía	Pues con esa condición la aceptaré.
Leonor	¿Qué invención es ésta? ¡Que vas perdida!
Mencía	Antes me pienso ganar, Leonor, por este camino.
Leonor	Yo seré mal adivino si no hubiere qué llorar.
Garcerán	Venid, ¿sabréis mi posada?
Solano	¿Es Jaramillo voacé?
Leonor	Yo soy.

Solano	La mano me dé
	por amigo y camarada;
	  que la cama es buena y ancha,
	limpia la ropa y el hombre
	que por la cara y el nombre
	yo haré que metan ensancha;
	  que de este nombre un pariente
	tengo en Alcalá, y honrado,
	que goza, a fe de soldado,
	libros y vino excelente.

Leonor	Toco, y haga buen provecho lo que hubiéredes bebido.
Solano (Aparte.)	(Es el capón escogido.)

Leonor   Adiós, Ribera.

(Vanse y queda Ribera solo.)

Ribera   Esto es hecho;
           que de esta suerte asegura
           el capitán sus recelos;
           que con dineros y celos
           no hay cosa que esté segura.

(Vase.)

           Fin de la primera jornada

Jornada segunda

(Salen Solano y Leonor en el hábito dicho.)

Leonor   Bien has comido, Solano.

Solano   Y bebido, Jaramillo;
que el clarete y el tintillo
andaban de mano en mano;
   pero, por Dios, que no estabas
despacio, a mi parecer,
si después de bien comer,
los huesos mondos chupabas.

Leonor   Todos comimos, Solano,
pero en el beber me diste
quince y falta...

Solano   Bien dijiste;
mas soy montañés, hermano,
   y como la tierra es fría,
en naciendo nos dan vino,
y con esto y con tocino
medra el muchacho y se cría;
   y así, aunque beba del santo,
que es lo que alborota más,
borracho no me verás,
alegre sí tanto cuanto.

Leonor   Luego, ¿no lo estás, Solano?

Solano   Algo siento en la cabeza,
mas remedio esta flaqueza
con acostarme temprano;

	pero si duermo tan mal
	como anoche, en cuatro días
	las tristes lágrimas mías
	en piedras harán señal.
Leonor	El nuevo huésped lo haría;
	mala noche te habré dado.
Solano	¡Qué! Ya estoy acostumbrado
	a dormir con compañía;
	mas no sé yo qué sentí,
	que estuve muy inquieto;
	mas si te guardo secreto,
	¿no me dirás?
Leonor (Aparte.)	(¡Ay de mí!
	Si sabe que soy mujer,
	perdida soy.)
Solano	No te alteres.
Leonor (Aparte.)	¿Yo? ¿De qué? (¡Pobres mujeres!)
Solano	No hay que negar.
Leonor	¿Qué he de hacer?
Solano (Aparte.)	(Verdad es lo que sospecho.)
	De hoy más podrá Jaramillo
	buscar ama.
Leonor (Aparte.)	(Que un ovillo
	me hiciese tan sin provecho.)

Solano	Que no es delito, señor,
	que por muchos buenos pasa,
	que el remedio tiene en casa
	y la untarilla mejor;
	que una sarna se repara
	con mucha facilidad.
Leonor	¿Yo, sarna?
Solano	¿Y es calidad
	mentir en cosa tan clara?
Leonor	En mi vida la he tenido.
	¿Hay tan fiero pensamiento?
Solano	Luego, ¿yo soy el que miento?
	Muestra.
(Mírale las manos.)	Mal he presumido;
	limpio estás.
Leonor	¿Y era, Solano,
	aquéste el secreto?
Solano	Sí.
	¿De qué te ríes?
Leonor	De mí;
	suelta, déjame la mano.
Solano	Déjola; mas, Jaramillo,
	si no es sarna, yo soy muerto,
	que algún contagio encubierto
	debe de ser. No hay sufrillo.
	Porque cuando te acostaste

           cierto olorcillo me diste,
           con que el alma me encendiste
           y las entrañas me helaste;
              y tras esto, un comezón,
           un fuego vivo, una llama,
           que no cabía en la cama,
           ni en el cuerpo el corazón,
              y si acaso me extendía
           y con los pies te tocaba,
           un no sé qué me picaba,
           como pulga me mordía;
              y con aquesta inquietud
           tuve noche toledana.
           Jaramillo, una manzana
           es mi vida y mi salud;
              si eres, como soy, tu amigo,
           di la verdad, no la niegues;
           que no es razón que me pegues
           peste por dormir contigo.
              ¿Qué tienes?

Leonor   ¿Qué he de tener?
           ¿Hay tan extraña locura?

Solano   Pues responderme procura
           a este picar y comer.

Leonor   Bien presto estás respondido.
           Solano, el vino es calor,
           y tanto cuanto es mejor,
           tiene de fuego escondido.
              Tú bebes mucho entre día,
           y lo mejor, ¿no ha de estar
           cuando te vas a acostar,

	helada la sangre y fría?
	Deja tú, pues, de beber
	y dormirás sosegado;
	que de ser tú destemplado
	nace el picar y el comer.
Solano	No me dejas satisfecho;
	que otras veces he bebido
	más que ayer y no he sentido
	comezón tan sin provecho;
	mas esta noche sabremos
	si me quita el sueño el vino.
Leonor (Aparte.)	(Que éste sospecha, imagino,
	que soy mujer.)
Solano (Aparte.)	¿Qué tenemos?
	(A fe que no estáis entero
	pues que tanto os recatáis,
	ni que conmigo durmáis
	si no os registro primero.)

(Vase Leonor. Salen don Garcerán y el conde Horacio, Rugero y doña Mencía.)

Horacio	Pónganos de presto el coche,
	Rugero, y ten prevenida
	más temprano y más cumplida
	la cena, y no a media noche.
Garcerán	Si de esta suerte tratáis,
	señor, a los convidados,
	si os parecieren pesados,
	de serlo la causa dais;
	que fue tanta la abundancia

           de los manjares preciosos
           que a los festines famosos
           exceden de Italia y Francia,
              que parece que a porfía
           vertían cada momento
           en la mesa el mar y el viento,
           pescado y volatería.

Horacio   Garcerán, siempre a mi mesa
           me sirve un buen ordinario,
           y alabar no es necesario
           su abundancia, que me pesa;
              que aquésta ha sido comida
           como para cuatro amigos,
           que para los enemigos
           se adereza más cumplida;
              que un extranjero grangea
           con esto las voluntades
           para sus necesidades,
           ya que otra cosa no sea.

Solano   Mas, ¡qué bien que te acudieron
           los que te comen un lado,
           aquel día que en el Prado
           en estrecho te pusieron!
              Cree, que no hay que esperar
           de aquestos comelitones,
           que de ellos y tomajones
           hay muy poco que fiar;
              porque saben acudir
           con mucha más afición
           al doblón que a la ocasión,
           a comer que no a reñir.

Horacio   Digo que estás excelente,
y con la cuestión del Prado,
has, Solano, despertado
mi descuido impertinente;
 que el papel que me escribió
el capitán no he leído.

Garcerán   Extraño descuido ha sido.

(Saca un papel el conde [Horacio].)

Solano   Pues, ¿quién comiendo leyó?,
 que papeles que se envían
estando el hombre sentado
a comer, piden prestado,
si acaso no desafían;
 que, como es hora tan cierta,
pegan luego, y es mejor,
mientras comieres, señor,
mandar que cierren la puerta;
 que tal papel puede ser
el que te dieren comiendo,
que te relaje, leyendo,
el deleite del comer.

Garcerán   Elocuente estás.

(Lee el conde el papel para sí.)

Solano   El vino
habla como un Cicerón.

Mencía   ¿Qué os escribe?

Horacio	Celos son.
Garcerán	Parece que estáis mohíno.
Horacio	¿Qué hora será?
Garcerán	¿Qué es aquesto? ¿Quién os perturba y altera?
Horacio	Saber cuántas son quisiera.
Solano	Las quince darán bien presto.
Garcerán	¿Qué os escribe el capitán?
Horacio	Bravatas son cortesía; creo que me desafía. Leedle, don Garcerán.

(Lee.)

Garcerán «Sentimientos con sombra de agravios piden satisfacción como si lo fueran; que a no procurarle, ni yo fuera quien soy, ni Alejandra quien es; pues por tío y marido tengo obligación a solicitar. Con uno de mis amigos aguardo a vuestra señoría en el campillo de doña María de Aragón, a las dos, donde si razones no satisfacieren mi queja, haber de remitirla a las armas. De la posada.
                    Don Beltrán»

Horacio	¿Qué os parece?
Garcerán	Que es el viejo

                bizarro, que teme y ama,
                que quiere ser de su dama
                galán, marido y espejo;
                   que aseguréis su temor,
                que es soldado y caballero,
                cumpliendo, conde, primero
                con vos y con vuestro honor,
                   y con tiempo prevenir
                el suceso y compañía;
                y pues son dos, de la mía
                os podéis, conde, servir.

Mencía (Aparte.)   (¡Ay de mí! ¡Con qué temores
                lucha mi imaginación!)
                Más cuerda resolución
                se puede tomar, señores;
                   que si reñís, es la dama
                la que aquí viene a perder,
                si no tiene la mujer
                más que perder que su fama;
                   que dirá, sin resistencia,
                el fiero vulgo atrevido
                que por Alejandra ha sido
                esta celosa pendencia;
                   y el olor si bien se advierte,
                de una mocedad sabida
                se imprime tanto en la vida
                que aun no lo borra la muerte.

Horacio   Don Carlos, son excelentes
                vuestras discretas razones,
                muchas mis obligaciones,
                justos los inconvenientes;
                   que estimo a Alejandra y quiero

                        su honor tanto como el mío;
                        mas rehusar el desafío
                        es mengua de un caballero.
                            Pues, ¿qué medio podéis dar
                        que asegure este temor?
                        Porque si acudo al amor,
                        la honra ha de peligrar.

Mencía   Cumplir podéis fácilmente,
                        conde, con entrambas cosas;
                        que ni son dificultosas
                        ni tienen inconveniente.
                            A los dos ha de guardar
                        el capitán; si es pasada
                        la hora determinada,
                        llegar tarde no es llegar;
                            y si el papel con cuidado
                        leísteis, no os desafía,
                        antes se queja, y sería
                        el responderle acertado;
                            mas ha de ser de tal suerte
                        que de lo que está sentido
                        no os deis vos por entendido.

Garcerán   Muy bien don Carlos advierte.

Mencía   Aquesto, don Garcerán,
                        es lo que importa; que pasa
                        el día, y se va a su casa
                        a cenar el capitán;
                            cena, acuéstase temprano,
                        y a la mañana despierta
                        con resolución más cierta
                        y con parecer más sano,

        levántase y oye misa,
ve a Alejandra, y sus enojos
olvida, viendo sus ojos;
sus celos, viendo su risa.
        Y Alejandra de su parte
ablandará sus rigores;
que Venus con los favores
templó la furia de Marte.

Horacio   Aunque dicen que el consejo
más seguro ha de tener
tres cosas, porque ha de ser
de amigo, de sabio y viejo
        el vuestro, don Carlos, digo
porque de las tres, las dos
están nacidas en vos,
que sois prudente y amigo;
        y si es mejor responder,
que no ver al capitán,
hagámoslo, Garcerán.

Garcerán   Más que escribir se ha de hacer.

Horacio   Pues, ¿hay en qué reparar?

Garcerán   Algo he pensado. Escribid.

Horacio   A mi aposento venid.
Vos, señor, a visitar
        podéis ir mientras escribo
a Alejandra estos enojos;
mirad si sienten sus ojos
que es el alma con quien vivo.

(Vanse Garcerán y el conde [Horacio].)

Mencía   Diréle de vuestro amor
                   mil imposibles.

(Sale Leonor.)

Leonor   ¿Es hora
                   que te pueda hablar, señora?

Mencía   Ni aun agora lo es, Leonor;
                      que aquestas cosas de Horacio
                   hacen me olvide de ti,
                   que para saber de mí
                   no me dan siquiera espacio;
                      que preguntarte deseo
                   cómo te va con Solano.

Leonor   Con buen gigante villano
                   con pocas fuerzas peleo.

Mencía   ¿Tan presto tanta flaqueza?

Leonor   Pues verte con él, señora,
                   no una noche sino una hora;
                   veremos tu fortaleza.

Mencía   ¿Por ventura ha sospechado
                   que eres mujer?

Leonor   Desventura
                   fuera saber por ventura
                   lo que yo tanto he guardado.

Mencía	Pues, ¿qué hay, Leonor, que te asombre?
Leonor	Lo que se puede temer;
	conocerme por mujer,
	y echar de ver que soy hombre;
	y porque con tiempo trates
	del remedio por rodeos,
	me ha dicho, no sus deseos,
	sino algunos disparates;
	y por eso es mi temor
	más grande que el que parece;
	que si la ocasión se ofrece,
	¿qué hará la pobre Leonor?
Mencía	Alquila una cama luego;
	pero mira que es más sano
	asegurar a Solano,
	no se encienda más el fuego.
	Deja pasar unos días,
	y después de asegurado,
	muda cama y deja el lado
	que hace tus flaquezas mías.
Leonor	Yo lo haré; mas por tu cuenta
	y por la de Garcerán
	correrá, si algún desmán
	sucede.
Mencía	Ponlo a mi cuenta;
	y agora aquí has de esperar
	a que acaben de escribir,
	y a don Garcerán seguir,
	y de él no te has de apartar;
	que es belicoso, y entiendo

                        que han de salir a buscar
                        al capitán, y atajar
                        este disgusto pretendo.
                           Y si pasare adelante
                        Leonor mía, como el viento,
                        me avisarás al momento.

Leonor   No habrá rayo semejante.

(Vanse y salen don Juan, Alejandra, Leonardo y otros.)

Juan   Dejadnos solos; la puerta
                        lleve Leonardo tras sí.

Alejandro   No importa. Déjala así.

Leonardo   ¿Cierro, o dejaréla abierta?

Juan   Cierra, acaba.

(Vanse Leonardo y otros.)

Alejandra   Y la ventana,
                        ¿quedarémonos a oscuras?

Juan   Para reñir tus locuras
                        lo hiciera de buena gana;
                           que es tanta tu liviandad,
                        que verte sin luz gustara,
                        porque, no viendo tu cara,
                        te hablara con libertad;
                           mas, pues tantas atropellas,
                        Alejandra, sin sentirlas,
                        la cara para decirlas

tendré, que tú para hacerlas.
   Dime, mujer más ligera
que tu vano y ciego amor,
¿quién sino tú, con su honor
tan pródiga y loca fuera?
   No entiendo tus desvaríos;
di, atrevida, lo que intentas,
porque la memoria afrentas
de tus padres y los míos.
   ¿Tú, con el conde en un coche,
y a vista de tanta gente,
te paseas libremente
y tan cerca de la noche?
   ¿Qué puedes tú pretender
sino tu infamia, del conde?
Pero por ti me responde
ser mujer y ruín mujer.
   ¡Y qué estés ya tan perdida
que le quieras por galán,
afrentando al capitán
y quitándome la vida!
   Vuelve en ti. Con más cuidado
tu vida traza y ordena;
que la mujer cuando es buena
es un reloj concertado;
   que el móvil y el fundamento
de esta admirable invención
es la medida razón
y asentado entendimiento.
   Son las ruedas los sentidos,
que con tardos movimientos
detienen los pensamientos,
cuando pasan de atrevidos.
   Las pesas son el nivel

con que el bien o mal obrar
se ha de medir y pesar,
como en un peso fiel.
   El índice que señala
la hora los ojos son,
que dicen del corazón
si la tuvo buena o mala.
   Es el volante el temor,
y aquel continuo pensar
que ha de correr sin parar
hasta la muerte el honor.
   Despertador, la memoria
de quién es y a quién ofende
cuando deslustrar pretende
de sus mayores la gloria.
   Es la campana su fama,
que si no la tiene buena,
por más que la cubran, suena
y entre todos se derrama.
   Es relojero el cuidado,
que a no tenerle, ha de estar
alborotado el lugar
y el reloj desconcertado.
   Y si de ti no le tienes,
siendo a tu honor importante,
del reloj un semejante
a ser propiamente vienes.
   Y así, instrumentos pesados
por fuerza vendréis a ser;
que el reloj y la mujer
suenan mal desconcertados.

Alejandra   ¡Jesús, y qué gracia! Hermano,
                tienes para predicar.

¡Qué lenguaje para orar!
¡Qué acción! ¡Qué sacar de mano!
　Que, según has ponderado
mis liviandades y errores,
son mis delitos mayores
que el más horrendo pecado.
　¿Yo hablé al conde? ¿Yo, don Juan,
con tanta desenvoltura?
Sueños serán, por ventura,
tuyos o del capitán.
　Cuanto más, que si salí
ayer al campo, ¿en qué erré
contra la empeñada fe
que a mi tío diste? Y di:
　que si tan leve ocasión
pudiera descomponer
la honra de una mujer,
¡buena andaba la opinión!
　Si han de andar tan concertadas
como el reloj, a fe mía,
que en la corte cada día
oyeras mil badajadas.
　Y si así tu lengua infama
su sangre, ¿qué hará la ajena?
Mujer ninguna habrá buena,
ni honesta, ni limpia fama.

Juan   ¿Es agravio con rigor
　　　　　reprender tu liviandad?

Alejandra　Fuérzasme la voluntad,
　　　　　que es el agravio mayor.
　　　　　　Cásasme, y al yugo pones
　　　　　dos novillos desiguales;

           mal las partes principales
           del matrimonio compones;
              y tan desigual partido,
           ¿cómo quieres que me cuadre
           si a quien puede ser mi padre
           ése me das por marido?
              Mas no me tienes amor;
           que, a tenérmele, del conde
           fuera mujer.

Juan   No se esconde
           el amor ni el desamor.
              Dime, ¿no es tu tío un hombre
           rico, principal y honrado,
           que por noble y por soldado
           es respetado su nombre,
              y que le harán del Consejo
           por sus servicios mañana?
           Pues, ¿qué te cansa, liviana?

Alejandra Ser a mi disgusto y viejo.

Juan   ¿El ser viejo? Pues, despacio,
           Alejandra, y sin pasión
           el cuidado y ojos pon
           en la persona de Horacio.
              Verás mil imperfecciones
           desde la planta a la frente,
           que ni es galán ni es valiente
           ni luce en las ocasiones;
              ni tiene más calidad
           que tu tío ni es mejor
           ni es de más fuerza o valor
           en su boca la verdad;

| | y un hombre tan a disgusto
de la corte que la enfada.
Si esto es así, ¿qué te agrada? |
|---|---|
| Alejandra | Ser mozo y ser de mi gusto. |

(Saca la daga.)

Juan	¡Oh, infame!
Alejandra	¡Jesús, detente!
¡Daga para mí, señor!
Envaina, que el resplandor
me matará de repente.

(Salen Leonardo y Olivera.)

Olivera	¿Señor don Juan?
Juan	Olivera,
¿viene el capitán, mi tío?
Olivera	No, señor.
Juan	Tu desvarío
castigar, loca, quisiera;
mas no faltará ocasión.
¿Dónde queda?
Olivera	Escucha aparte;
que hoy Reina sin duda Marte.
Leonardo	Quejas del capitán son.

Alejandra	¡Ay, Leonardo! En grande aprieto me ha puesto don Juan.
Leonardo	¿Por qué?
Juan	¿Qué me dices?
Olivera	Lo que sé; y la verdad, en efeto, que yo le llevé el papel.
Juan	¿Con quién salió el capitán?
Olivera	Con el alférez Guzmán.
Juan	Buen amigo tiene en él. Por ti, Alejandra, por ti anda la corte revuelta.
Alejandra	¿Por mí?
Juan	Calla, desenvuelta. Ven, Olivera, tras mí.
(Vanse.)	
Alejandra	¡Ay de mí! Leonardo amigo, deténle, que va enojado.
Leonardo	Sí, haré; mas será excusado; que está don Juan mal conmigo.
(Vanse.)	

Alejandra
¡Qué de espinas, Amor, entre las flores
de tus deleites tienes escondidas,
y qué de días y horas desabridas
en el breve placer de tus favores!
¡Qué de pesares siembras entre amores,
de glorias y esperanzas prometidas,
y qué de sobresaltos en las vidas
que asegurar pudieran sus temores!
Si eres tan falso, Amor, que divertidos
nos llegamos a ti, ¿qué dulce engaño
es éste con que, Amor, nos traes perdidos?
Mas, ¡ay de mí!, que conociendo el daño
juzgamos por tan cuerdos los sentidos
que tenemos por loco el desengaño.

(Sale Leonardo.)

Leonardo
No le he podido alcanzar;
que con los pies parecía
que volaba y no corría.

Alejandra
Bien te sabes disculpar.

(Salen Villena y Funes, el uno trae un vestido de mujer y manto, y el otro unos chapines con virillas de plata.)

Leonardo
Aquí están Villena y Funes.

Alejandra
Platero y sastre han venido;
a mal tiempo es el vestido.

Funes
¿Y el manto?

Alejandra
El manteo.

Funes   El lunes.

Alejandra   Póngale en ese bufete
y vuelva por la mañana;
que agora no tengo gana
de probármele.

Funes   El ribete
advierta vuesamercé
que se me debe, y la seda;
la cuenta a Leonardo queda.

(Vase.)

Alejandra   Acaben ya; déjenme.
   Señor Villena, el cuidado
estimo; que va curioso
el joyel, como precioso,
y el San Jacinto extremado.

Villena   Aquestas cosas no son
de las que cuidado dan,
porque al señor capitán
tengo mucha obligación.
   Pidióme se le buscasen
estas joyuelas también,
y si te parecen bien,
que en tu poder se quedasen.

Alejandra   ¿Y qué son?

Villena   Apretadores
de diamantes.

Alejandra	Serán caros.
Villena	Tienen fondo y son muy claros / y de lindos resplandores.
Alejandra	No me contentan ni nada / como vengan por sus manos.
Villena	Casar viejos cortesanos / con mozas, triste jornada. / Al fin, ¿no contentan?
Alejandra	No; / véalos el capitán, / quizás le contentarán.
Villena	No haré tal desorden yo, / si habiéndomelas pedido / Horacio, no se las diera.
Alejandra	Del conde las recibiera, / como fuera mi marido.
Villena	Es gran cosa hombre de estado / y mozo.
Alejandra	No me dé pena. / ¿Y mis chapines, Villena?
Villena	Aquí los trae mi criado.
Alejandra	Muestre. ¡Qué angostas virillas!

Villena	No se usan más de dos dedos.
Alejandra	Echan a perder los ruedos; ya me cansan.
Villena	Pues hundillas.
Leonardo	Hoy no estás de buen humor.
Alejandra	Estoy, Leonardo, perdida; cánsame mi propia vida.
Leonardo	¿Qué tienes?
Alejandra	Miedo y amor.
Villena	No quiero daros disgusto.
Alejandra	Toma, guarda esos chapines.

(Ponen los chapines con el vestido sobre el bufete.)

Villena	No prometen buenos fines bodas con tan poco gusto.

(Vase.)

Alejandra	¿Fuése Villena?
Leonardo	Ya es ido.
Alejandra	¡Qué oficiales tan pesados! Con ellos y mis cuidados se cansará el más sufrido.

Leonardo   Don Carlos viene, señora.

(Sale doña Mencía.)

Mencía   ¿Bella Alejandra?

Alejandra   Mis males
no son, Leonardo, mortales
pues mi suerte se mejora.

Mencía   ¿En qué puedo yo serviros?

Alejandra   Toma esta silla, y sabréis
mi dolor, pues conocéis
la causa de mis suspiros.
   Y tú, con atentos ojos,
mira desde ese balcón
quién entra o sale.

Leonardo   Ocasión
es para nuevos enojos.

(Vase Leonardo.)

Mencía   Quisiera con más espacio
y con más gusto escucharos;
que sabéis tan bien quejaros
como atormentar a Horacio.

Alejandra   Si supiésedes, señor,
lo que por él ha pasado,
en más hubiera estimado
el conde mi fe y amor;

	que el cuchillo a la garganta,
	puedo decir que he tenido,
	que de un hermano atrevido
	fue crueldad, fiereza tanta.

Mencía   Tanto rigor no es posible
              si no es con grande ocasión;
              que sin ella la pasión
              no hace a un hombre tan terrible.

Alejandra   ¿Qué mayor que la pasada,
              y conocer que a su tío
              trató con tanto desvío,
              y estuvo tan apretada?

Mencía   Pues de aquesos desfavores,
              asperezas y desvíos
              nacen otros desvaríos
              y por ventura mayores.
                Sabed que ha desafiado
              hoy el capitán al conde.

Alejandra   Siempre, señor, corresponde
              con el temor el cuidado.
                Este suceso temí;
              que mi corazón leal
              pronosticó tanto mal.

Mencía   No os alborotéis; oí
                que por hoy está seguro
              que ningún desmán suceda.

Alejandra   ¿Quién hay que atajarlo pueda?

Mencía	Yo, Alejandra, lo procuro,
	y con el mismo cuidado
	un principal caballero.
Alejandra	¿Quién es?
Mencía	Aquel forastero,
	tan valiente como honrado,
	que por el conde y por vos
	puso en peligro su vida.
Alejandra	De amistad tan conocida
	somos deudores los dos.
	Deséolo conocer
	por lo que de su persona
	me ha dicho Horacio Colona.
Mencía	Sábelo muy bien hacer;
	él os vendrá a visitar.
Alejandra	Decidme, señor, ¿mi tío
	fue quien hizo el desafío?
Mencía	Y el que habéis de regalar.
Alejandra	¿De qué suerte, si es el conde
	el dueño de mis sentidos?

(Sale Leonardo.)

Leonardo	Señora, somos perdidos.
Alejandra	¿Qué dices? Habla, responde.

Leonardo	Que con don Juan, mi señor, viene el capitán.
Alejandra	¡Ay, triste! ¿Qué pecho humano resiste nuevas de tanto dolor? Que si aquí os halla don Juan temo alguna desventura, y mayor me la asegura la furia del capitán.
Mencía	¿Llegan cerca?
Leonardo	En esa esquina están parados hablando.
Mencía	Una traza estoy pensando.
Alejandra	Yo, mi muerte.

Mencía	Es peregrina.
	   Dadme de presto un vestido
	de los vuestros; que ya he estado
	otra vez tan apretado
	y esta traza me ha valido;
	   que la cara, talle y brío
	no lo han de echar a perder;
	que yo haré que por mujer
	me tengan tu hermano y tío.

Alejandra	Pues vesle aquí que parece le tenía prevenido para este efecto.

Mencía	Nacido me vendrá.
Leonardo	A vestirse empiece; que yo a la puerta estaré, y avisaré con cuidado.

(Vístase de mujer doña Mencía.)

Alejandra	¿Hay tal? El talle es pintado.
Mencía	¿Parezco bien?
Alejandra	¡Bien, a fe!
Mencía	Yo soy muy lindo y bien hecho.
Alejandra	¡Qué buenas piernas y pies!
Mencía	Esto para ti no es ni de gusto ni provecho. Esconde aquestos despojos pues con éstos me renuevo.
Alejandra (Aparte.)	(¡Ay, Dios; qué gentil mancebo! Tras él se me van los ojos.)
Mencía	¿Hay chapines?
Alejandra	Sí.
Mencía	Pues muestra,

(Vístese Mencía y pónese manto y chapines.)

Alejandra   ¿Caerás con ellos?

Mencía   No haré;
que tiento da al que no ve
la necesidad maestra.
    ¿Ando bien?

Alejandra   Tiénesme loca.
De tu destreza me espanto;
¿quieres toca?

Mencía   No, que el manto
me podrá servir de toca.
    ¿Puede alguno, por ventura,
juzgarme por hombre?

Alejandra   No,
porque el cielo igual te dio
el ingenio y la hermosura.
    ¡Qué bien te está el traje!

Leonardo   Aviso;
que suben ya la escalera.

Alejandra   Oigo.

Leonardo   ¡Jesús!

Alejandra   ¿Qué te altera?

Leonardo   Ver un ángel de improviso,
    que el hábito y el semblante
al más tentado provoca.

Alejandra	Leonardo, sella la boca
con este rico diamante.

(Dale una sortija.)

Leonardo	No hablaré más que una piedra.
¿Hay más graciosa invención?

(Salen el capitán [Beltrán] y don Juan.)

Juan	Dar lugar a la pasión,
y en tal caso, ¿qué le medra?
Dejadlo, si sois servido;
que estas son cosas pesadas.
Beltrán	Con darle dos cuchilladas
estuviera concluido.
Alejandra	Hermano, tío y señor,
¿hoy sin verme? ¿Qué es aquesto?
Tanto descuido tan presto,
señal es de poco amor;
que a no haberme divertido
con esta dama, mi amiga,
la soledad enemiga,
mucho la hubiera sentido.
Beltrán	Alejandra, si entendiera
que divertirte podía,
todas las horas del día
te regalara y te viera;
pero, como estoy tan cierto
que mi vista te da enojos,

                        y que en mí pones los ojos
                        como en un cadáver muerto,
                          retírome, porque veo
                        que te doy disgusto en verte,
                        privándome de esta suerte
                        de aquello que más deseo.

Mencía   Ella me ha dicho, os prometo,
                        de vos dos mil excelencias.

Beltrán   Que todas son apariencias.

Mencía   Todo es amor y respeto.

Alejandra   Siempre he sido desgraciada
                        con mi tío; estoy corrida
                        de ver que no sea creída
                        cuando estoy menos culpada.

Juan   Leonardo, ¿no echas de ver
                        cuán trocada está mi hermana?

Leonardo   De la noche a la mañana
                        no hay firmeza en la mujer.

Mencía   ¡Terrible desconfianza!

Beltrán   Efectos son del amor.

Juan   Leonardo, ¡ay de mí!

Leonardo   ¿Señor?

Juan   Mira qué nueva mudanza.

	¿Sabes quién es, por tu vida,
	aquesta hermosa mujer?
Leonardo	Bien, a fe.
Juan (Aparte.)	(¡Tan presto arder!
	¡Tan presto el alma rendida!)
	¿No respondes?
Leonardo	Una amiga
(Aparte.)	de tu hermana. (¿Hay tal suceso?)
Juan	¡Ay, Leonardo! Pierdo el seso.
Leonardo	¿Qué tienes?
Juan	Amor lo diga.
	¿Y sabes cómo se llama?
Leonardo (Aparte.)	No lo sé. (Gracioso loco.)
Juan	¿Ni dónde vive?
Leonardo	Tampoco.
Juan (Aparte.)	(¡Tanto más crece mi llama!)
Beltrán	Digo que vivo engañado,
	y en albricias del favor
	los quilates de mi amor
	prueba en la fe que te he dado.
Leonardo	¿Qué? ¡Te has ofendido?

Juan 　　　　　　　　　　Mira,
　　　　　　　　Leonardo, aquella mujer,
　　　　　　　　y podrás echar de ver
　　　　　　　　lo que suspende y admira.
　　　　　　　　　Mira en sus ojos dos soles,
　　　　　　　　que despiden claros rayos,
　　　　　　　　y en sus mejillas dos mayos
　　　　　　　　con nativos resplandores.
　　　　　　　　　Mira en su boca cifrado
　　　　　　　　un paraíso terreno,
　　　　　　　　y mira un cielo sereno
　　　　　　　　en toda junta pintado.

Leonardo (Aparte.)　　(¿Hay tan extraño accidente?)
　　　　　　　　Señor, vuelve en ti. ¿Qué es eso?
　　　　　　　　Que todo es de carne y hueso,
　　　　　　　　ojos mejillas y frente.
(Aparte.)　　　　　　(Quiérole desengañar;
　　　　　　　　mas será echarlo a perder.)

Beltrán　　　　　　Quiero, sobrina, creer
　　　　　　　　lo que pudiera dudar.

(Sale Olivera.)

Olivera　　　　　　　Un criado quiere hablarte
　　　　　　　　del conde Horacio.

Beltrán　　　　　　　　　　Olivera,
　　　　　　　　dile que ya salgo fuera.
(Aparte.)　　　　　　(Don Juan, escucha a esta parte.)

Alejandra　　　　　　¿De quién ha sido el recado,
　　　　　　　　que se dio con tal secreto?

Beltrán	De un amigo, te prometo.
Alejandra	¿De amigo? ¿Y tan recatado?
Juan	Bien decís; ya no se excusa. Toma el recado primero.
Alejandra	¿Dónde vais?
Juan	Un caballero nos aguarda.

(Vanse todos menos doña Mencía y Alejandra.)

Alejandra	Estoy confusa. Don Carlos, el corazón me dice que es el recado del conde Horacio.
Mencía	Cuidado me da tu imaginación; pero de él saldré bien presto. Ayúdame a desnudar.
Alejandra	Mira que vuelven a entrar.
Mencía	¿Jaramillo?

(Sale Leonor.)

Leonor	¿Qué es aquesto? Señor, ¿qué invención, qué traje es aquéste, qué vestido?

Mencía	Después sabrás lo que ha sido.
Alejandra	Don Carlos, ¿es vuestro el paje?
Mencía	Mío es, y de él sabremos aquello que recelamos, porque tanto cuanto amamos viene a ser lo que tememos. ¿Dónde queda Garcerán, Jaramillo?
Leonor	Con Horacio le dejo junto a palacio esperando al capitán, que para darle un recado le salió a buscar Rugero.
Alejandra	Mi temor fue verdadero.
Mencía (Aparte.)	(Y con causa mi cuidado.)
Alejandra	Vestíos luego al momento, y procurad atajar el daño. No deis lugar a algún suceso sangriento. No llegue su desvarío a hacerle tan lastimoso, que pierda en el conde esposo y en los dos, hermano y tío.
Mencía	Mucho más que de temor es, Alejandra, mi pena; pero aquesta traza ordena

                    para tu remedio Amor.
　　Toma un manto, y no te asombres
si acaso milagros vieres;
que Amor hace hombres mujeres,
como de mujeres hombres;
　　que de esta suerte tapadas
y sin otra compañía,
con tu firme amor confía
que harás más que sus espadas.
　　En hacerlo no aventuras
tu honor, ni el caso es liviano,
si del conde y de tu hermano
el sosiego y bien procuras.

Alejandra　　　　　¿Qué no haré por redimir
vida que tanto me cuesta?

Leonor　　　　　Señor, buena anda la fiesta.

Mencía　　　　　¿Cómo acertaré a salir?

(Vanse todos. Salen Horacio, don Garcerán y Solano.)

Garcerán　　　　　Aquí podemos, señor,
esperar al capitán.

Horacio　　　　　Ha sido, don Garcerán,
la resolución mejor.

Garcerán　　　　　Hablarle es más acertado,
porque escribe el más prudente,
sin pensar, pesadamente,
si acierta a estar enojado.
　　Y aquesta opinión es mía;

                        que no hay arma tan cruel
                        que hiera como un papel
                        escrito con demasía.

Horacio   Según se tarda Rugero,
                        no ha dado con él.

Solano   Por Dios,
                        que si salen más que dos,
                        que he de reñir el postrero.
                            Ya vienen los bravoneles.

Garcerán   ¿Son ellos, conde?

Horacio   Ellos son.

Solano   Señores, anden a un son
                        espadas y cascabeles.

(Salen don Juan y el capitán [Beltrán], quitándose los sombreros.)

                            ¡Qué brava salva se han hecho
                        con los sombreros! Si calva
                        tuviera alguno, la salva
                        no le hiciera buen provecho.

Horacio   Aquí, señor capitán,
                        me ha traído un papel vuestro,
                        si no puntual, con gana
                        de serviros y de serlo.
                        Bien podéis con libertad
                        decirme qué es vuestro intento,
                        que de lo que aquí pasare
                        seguro estará el secreto;

                    que con atentas orejas
                    escucharé, como reo,
                    el cargo, que pongo en duda
                    podáis con justicia hacerlo.

Beltrán   Señor conde, el cargo es justo,
                    y si, como justo, recto
                    fuera el juez, condenado
                    estábades por derecho.
                    Ya sabéis mi calidad,
                    y también el parentesco
                    que tengo con Alejandra,
                    y mi pretensión tras eso;
                    y que es su hermano don Juan
                    tan honrado caballero
                    que es digno que se le guarde
                    justo y debido respeto.
                    Pues siendo así, vos señor,
                    con músicas y paseos
                    hacéis pública la causa
                    y evidentes los efectos;
                    que a pie, a caballo y en coche,
                    como si fuera terrero
                    la calle de los Preciados,
                    os preciáis de ser molesto;
                    y que una tarde en el Prado
                    a vista de todo el pueblo,
                    a su pesar y disgusto
                    fuiste su coche siguiendo;
                    y tras esto, tan pesado,
                    tan atrevido y tan necio,
                    que al paso de sus caballos
                    iba caminando el vuestro.
                    Todas estas cosas, conde,

                me han dicho, y yo las sospecho,
                y sospechas informadas
                hacen el caso más cierto,
                y porque entendáis que agravios
                no consienten ni consiento,
                sus deudos como su sangre,
                ni yo como esposo y deudo,
                a este lugar para hablaros
                os llamé, donde pretendo,
                o acabar con mis cuidados,
                a asegurar mis recelos;
                que si a costa de mi honor
                vuelan vuestros pensamientos,
                las alas les quebraré
                como a locos y soberbios.

Horacio   Otras veces, capitán,
                más reportado y más cuerdo
                pienso que me habéis hablado
                y sobre este caso mesmo;
                pero agora echo de ver
                que está vuestro entendimiento,
                con la pasión, deslumbrado,
                y el discurso poco menos;
                y que lo estáis, cosa es llana,
                pues no veis que es un ejemplo
                de honestidad Alejandra,
                como de hermosura un cielo;
                que limpiamente la hablé
                algunas veces, confieso;
                y si es culpa que me carga,
                yo, capitán, me condeno;
                mas puédoos asegurar
                que de su recato honesto

                    nadie podrá murmurar,
                    ¡vive Dios!, sino mintiendo;
                    y quien la infama y murmura
                    sois los dos, pues falsos sueños,
                    locas imaginaciones,
                    admitís por casos ciertos.
                    Mengua es de hombres principales
                    tener de una mujer celos,
                    si es la más segura guarda
                    ni pedirlos ni tenerlos;
                    y así, capitán, de hoy más
                    de tan flacos fundamentos
                    no levantéis edificio
                    que os venga a servir de entierro.

Juan   Conde, el capitán, mi tío
                    no es de los hombres plebeyos
                    con quien se pueda tratar
                    con tan desigual imperio;
                    ni yo, siendo su sobrino,
                    lo he de consentir. Tratemos
                    lo que importa, que palabras
                    no son de ningún efecto;
                    que él se queja con razón,
                    y con la misma me quejo,
                    como más interesado
                    en su daño y su provecho.

Garcerán   ¿Qué quejas, qué sinrazones,
                    qué agravios, qué sentimientos,
                    son éstos, si son mayores
                    los del conde que los vuestros?
                    Si andáis de noche y de día
                    por todo el barrio inquiriendo

          si pasó por vuestra calle,
          a qué hora y a qué tiempo;
          si habló a Alejandra, si acaso
          por avisarla habló recio,
          enfrente de su ventana,
          al lacayo o al cochero;
          diligencias excusadas,
          impertinentes desvelos,
          que no sirven para más
          que infamarla y ofenderos;
          y de vos, señor, me espanto
          que, consultando al espejo,
          no echéis de ver que han pasado
          por vos ya sesenta inviernos;
          y es vergüenza que se diga
          que un hombre de canas lleno
          ande acuchillando esquinas
          cuando ha de darnos consejos.
          Dejad ya, por vida mía,
          amorosos devaneos,
          valentías de soldado
          y locuras de mancebo;
          y si habéis de andar, señor,
          cada día en estos pleitos,
          acabarlos de una vez
          es el más fácil remedio;
          que ya en el Prado perdí
          en otra ocasión el miedo
          al herir de esas espadas
          y al brío de aquesos pechos.

Beltrán   ¿Sois vos aquel gentilhombre
                 con quien el pasado encuentro
                 tuvimos don Juan y yo?

Garcerán   El mismo soy.

Beltrán (Aparte.)   (Ya reviento,
                     ya son mis celos mayores,
                     y mis temores más ciertos;
                     que éste fue quien hizo espaldas
                     a mi afrenta y vituperio.)
                     Sobrino, el conde sin duda
                     nos ha ofendido.

(Salen doña Mencía y Alejandra, cubiertas con mantos y Leonor detrás en su hábito de hombre.)

Alejandra   Aguijemos,
                     que dan voces.

Solano   ¡Vive Dios!,
                     que es el capitán acedo.
                     Temor tengo que ha de haber
                     algún diluvio sangriento;
                     si de ésta escapo, ermitaño
                     tengo de ser o ventero.

Juan   Pues, ¿qué aguarda un ofendido?
                     Meted mano.

Alejandra   Caballeros,
(Descúbrense.)   mirad quién tenéis delante.

Juan   Alejandra, ¿qué es aquesto?

Horacio   ¿Don Carlos?

Garcerán	¿Doña Mencía? ¿Señora?
Mencía	Paso, estáis ciego; ¿no me conocéis?
Garcerán	¡Ay, triste! Perdonad, que estoy sin seso; que como dentro del alma traigo, don Carlos, impreso aquel Fénix de hermosura, y sois su retrato vello, toda el alma se alborota cuando de repente os veo; y más en aqueste traje, que en solo verle ardo y tiemblo. ¿Qué os parece de esto, conde?
Horacio	Tiéneme el caso suspenso.
Mencía	Aquesto, conde, ha de ser vuestro principal remedio; disimulad, que después veréis si fue de momento aquesta transformación.
Garcerán	Es admirable su ingenio.
Beltrán	¿Qué es esto, Alejandra, ingrata? ¿Vienes a darme veneno con tu vista, y encender más mi cólera y mi fuego?
Alejandra	No vengo sino a excusar,

	tío y señor, lo que temo,
	que es mi honor el que padece
	y yo soy la que más pierdo.
	No quiera mi suerte avara
	que pierda con el suceso
	hermano que tanto amo
	y tío que tanto quiero.
Beltrán	¿Tú me quieres?
Juan	¿Tú me estimas?
Mencía	Señor capitán, dejemos
	las cosas que traen consigo
	desengaños verdaderos,
	y sed amigo del conde.
Beltrán	¿Yo, amigo?
Mencía	Sí, yo os lo ruego;
	y a vos, señor, os suplico
	que me seáis buen tercero.
Juan	¿Cómo podré disponer
	de voluntad que no tengo,
	que, si es vuestra, ya no es mía?
Mencía	No respondo a quien no entiendo.
Juan	Pues reparad en mis ojos,
	que ellos dirán lo que siento;
	que, como lenguas del alma,
	a voces lo están diciendo.

Mencía	Bien está, ya os he entendido este negocio acabemos, sosegad a vuestro tío; que después nos hablaremos.

(Vuelve don Juan al capitán [Beltrán].)

Juan	Ya veis, señor, a mi hermana y a esta dama de por medio; de la una el llanto obliga como de la otra el ruego. Lo forzoso, voluntario se ha de hacer; al conde hablemos sin admitir más descargo que la confesión que ha hecho.
Beltrán	Harélo por daros gusto.
Mencía	Ha de ser con juramento que confirme esta amistad.
Juan	Eso será lo de menos.
Beltrán	Como el conde de su parte no dé ocasión, yo la acepto.
Horacio	De mí, señor capitán, podéis estar satisfecho.
Beltrán	Pues con esa condición ser vuestro amigo prometo; y en vuestras hermosas manos hago homenaje de serlo.

(Da las manos a Mencía.)

Mencía	Vos, Alejandra, lo mismo pedid al conde.
Horacio	¿Qué es esto, querida Alejandra mía?
Alejandra	Fuerza de Amor.
Horacio	Yo lo creo.
Alejandra	Dadme la mano. ¿Juráis, conde, como caballero, de ser su amigo?
Horacio (Aparte.)	Sí, juro. (Como juréis vos primero de ser mi esposa.)
Alejandra (Aparte.)	(Sí, juro.)
Mencía	Pues hágaos muy buen provecho, como mal al capitán si os pusiere impedimento.
Alejandra	No lo entienda; habla, señor, más bajo, y a lo que os debo no añadáis obligaciones.
Mencía	De serviros yo las tengo como servidor del Conde.
Alejandra	Señores, aquesto es hecho.

Horacio	Adiós, señor capitán.
Beltrán	Guárdeos, señor conde, el cielo.
Mencía	Dad la mano a vuestro tío; que yo a vuestro hermano quiero hacer aqueste favor.
Juan	Por él, señora, os la beso.

(Vanse de las manos.)

Solano	Jaramillo, éste tu amo debe de ser hechicero, escolar o nigromante; porque aquellos embelecos y aquestas transformaciones, ¿quién las hace sino aquellos que andan de viga en viga y vuelan de techo en techo?, y si es así, Jaramillo, dile que yo se lo ruego, que no me convierta en ganso sino en vino de Alaejos.

(Vanse todos.)

Fin de la segunda jornada

Jornada tercera

(Salen doña Mencía y Leonor, Solano y don Garcerán.)

Garcerán	Bien salió el disfraz, don Carlos.
Mencía	Enamorarse don Juan
ha sido, don Garcerán,
mucho mejor que engañarlos.
¿Qué ha dicho el conde?
Garcerán	Está loco
de placer.
Mencía	Y con razón;
que tener la posesión
de quien bien quiere no es poco.
Y pues sus cosas Amor
las ha puesto en tal estado,
las vuestras me dan cuidado,
y veros sin él mayor.
Vos queréis bien, vos amáis,
y tan principal mujer
ausente no puede ser,
pues presente la olvidáis;
que quien tiene amor constante,
aunque lo amado esté ausente,
en todo tiempo presente
lo ha de juzgar el amante;
y así, pienso que perdida
tenéis la memoria de ella.
Garcerán	¡Ay, don Carlos! Vive en ella;
que quien ama, tarde olvida;

               que las cenizas están
               de aquel incendio calientes,
               y aquellos días presentes,
               ¡qué malas noches me dan!

Mencía   No sé cómo concertar
               tanto arder, penar, sufrir,
               con lo la ver ni escribir,
               ni alguna disculpa dar;
                  que si como vos la amara,
               fueran como mis deseos
               las cartas y los correos
               que escribiera y despachara.

Garcerán   Pues, ¿quién tendrá atrevimiento
               de escribir a una mujer
               tan principal, sin temer
               su ira y su sentimiento?
                  Que si cuando me partí
               de Salamanca lo hiciera,
               no dudara ni temiera
               escribirla desde aquí;
                  pero quien usó con ella
               tan desigual cortesía,
               escribiéndola, sería
               hacer mayor su querella.

Mencía   No tenéis qué reparar
               ni qué dudar ni temer;
               que quien bien supo querer,
               tarde y mal sabe olvidar.
                  Escribidla este ordinario;
               yo también escribiré
               a persona que le dé

                las cartas, si es necesario;
                   que cuando tenga entendida
                la ocasión de vuestra ausencia,
                hallaréis sin resistencia
                dulce y alegre acogida.

Garcerán	Escribámosla en buen hora, y ha de ser entre los dos.
Mencía	Mejor lo haréis solo vos.
Garcerán	Teme el alma que la adora.
Leonor	¿No ves la conversación de nuestros amos, Solano?
Solano	Si no murmuran, hermano, tratan nuestra perdición; que estos pelones listados descansan con nuestras penas, y son postres de sus cenas decir mal de sus criados.
Garcerán	Saca aquí fuera, Solano, el recado de escribir.

(Vase Solano por el recado de escribir.)

Mencía	Tú, Jaramillo, acudir puedes al correo temprano, y buscarásme quien parta a Salamanca a las veinte, porque traiga brevemente respuesta de aquesta carta.

>   Pero no vayas, detente;
> que hablar quiero yo a Morales,
> que piden despachos tales
> más solícito expediente.

(Sale Solano con el recado de escribir.)

Solano
>   Aquí tienes el recado
> de escribir y de contar,
> de mentir y de engañar,
> de notar y ser notado.
>   ¿Falta otra cosa?

Garcerán
>   Poner
> ese bufete a este lado.

(Pone Solano el bufete.)

Solano (Aparte.)
>   (Todo lo quiere pintado
> quien no tiene qué comer.)
>   ¿Está bien?

Garcerán
>   Llega otra silla.

Solano
> Y aun dos he llegado. ¿Hay más?
> Que si como mandas das,
> serás señor de Tobilla.

Mencía
>   ¿No os divierta aqueste loco?
> Empezá a escribir.

Garcerán
>   Solano,
> calla.

Mencía	Sosegad la mano.
	Sin borrones, poco a poco.
Garcerán	Diréla mi soledad
	y la larga pena mía,
	pintaré mi cobardía
	y mi firme voluntad,
	mis suspiros y mi llanto,
	con que me abraso y me anego.
Mencía (Aparte.)	(¿Qué es esto, Amor? ¿Tanto fuego
	y en mi pecho hielo tanto?
	Pero conviene a mi honor
	hacer de su fe experiencia;
	que es justa la resistencia.
	aunque firme sea su amor.)
Solano	Jaramillo, ¿no penetras
	lo que escriben?

(Cierren la carta.)

Leonor	Ni es posible.
Solano	Para mí no hay imposible.
Leonor	Pues, ¿qué es lo que escriben?
Solano	Letras.
	Y juntas harán razones
	y las razones dirán
	que pide don Garcerán
	prestado ciertos doblones;
	que yo imagino que al conde

	escribe mi pobre amo,
	porque siempre a este reclamo
	hidalgamente responde.
Leonor	Diferente pensamiento
	es el mío; que escribir
	tan conformes es decir
	que tenemos casamiento.
Solano	Pues, ¿quién se quiere casar?
Leonor	Don Garcerán, o me engaño.
Solano	Librea de fino paño
	no se podrá despintar.
	¿Quien es la novia?
Leonor	Una dama
	de Salamanca.
Solano	Es famosa,
	si es un viuda hermosa
	que allí celebre la fama.
Leonor	Ella será; no hay prudencia
	donde hay voluntad y amor.
Mencía	Bien escrita está, señor.
	Cerradla y tened paciencia;
	que yo la despacharé
	con otra mía esta tarde,
	y el lunes, a lo más tarde,
	respuesta de ella tendré.

Garcerán	Ya está cerrada.
Mencía	Rogad a quien tenéis por patrón que llegue a buena ocasión, y vuelva con brevedad.
Garcerán	Tomad la carta, que en ella libro todo me tesoro; que si a los ojos que adoro llega, nací en buena estrella.
Mencía	¿Dónde me esperáis?
Garcerán	En casa del conde Horacio os aguardo.
Mencía	Adiós.
Garcerán	Vuela tiempo tardo.
Solano (Aparte.)	(¿Tardo es el tiempo? Él se casa.)

(Vanse. Salen el capitán Beltrán y don Juan.)

Beltrán	Aquesta dispensación me trae, don Juan, desabrido.
Juan	¿De Roma no ha respondido el curial?
Beltrán	Solo un renglón dos meses ha, y remití por cada letra cien reales;

	que para dar a curiales
	no hay plata en el Potosí.
	Dicen procuran favor
	con el cardenal Colona.

Juan

      Para tan grave persona
en la corte está el mejor;
  el conde Horacio es sobrino
del cardenal, y en la mano
le tenemos.

Beltrán

              No está llano,
don Juan, aquese camino.

Juan

  Llano estará, si es el conde
vuestro amigo declarado.

Beltrán

Amigo reconciliado
mal y nunca corresponde;
  no le hablaré, aunque la vida
me importe; que si en el pecho
costumbre el rencor ha hecho
con dificultar se olvida;
  que mis celosos temores
batallan siempre conmigo,
porque con capa de amigo
suelen, don Juan, ser mayores.

Juan

      Terrible sois.

Beltrán

                 Ya lo creo;
pero yo me enmendaré.

(Sale Olivera.)

Olivera	Gracias a Dios, que te hallé.
Beltrán	Yo se las doy, que te veo. ¿Hay algo de nuevo?
Olivera	Sí, de Roma el despacho.
Beltrán	Albricias tendrás como las codicias si traen carta para mí. ¿Tenéis qué hacer?
Juan	Sí, señor.
Beltrán	Pues yo me llego al correo.

(Vase el capitán Beltrán.)

Juan	Con extraño hombre peleo,
	todo es celos y temor;
	   pésame de haberle dado
	a mi hermana por mujer,
	porque juntos han de ser
	un ejército encontrado;
	   que, ¿cuándo paz han tenido
	la paloma y el milano,
	mujer moza y viejo cano,
	en un lecho y en un nido?

(Salen Alejandra y Leonardo.)

Alejandra	¿Fuése el capitán, mi tío?

Juan	Ya se fue.
Alejandra	¿Vendrá tan presto?
Juan	No lo sé.
Alejandra	Don Juan, ¿qué es esto? ¿Con tu hermana ese desvío? Alza los ojos, ¿qué tienes? ¿Qué te da pena y cuidado? ¿Hase tu dama enojado? ¿Date celos y desdenes?

Juan	No he sido tan venturoso,
	hermana, que haya llegado
	siquiera a ser desdichado,
	cuanto más a estar dichoso;
	  pues decirme no has querido
	quién es, ni cómo se llama
	aquella hermosa dama
	que me trae desvanecido.
	  Hermana de perlas y oro,
	si mi tormento te obliga,
	dime qué mujer, qué amiga,
	es aquel ángel que adoro.
	  ¿En qué zona, en qué lugar
	asiste tan apartado,
	que el deseo ni cuidado
	no la han podido encontrar?

Alejandra	Tiénesme muy obligada, don Juan, para que te diga quién es aquélla mi amiga,

                    tan hermosa y retirada.

Juan   Representarme no quieras
                    las cosas que dan pesar;
                    que yo te sabré obligar
                    con más gusto y con más veras.

Alejandra   ¿Has de reñirme?

Juan   No haré.

Alejandra   ¿Ni darme pena?

Juan   Tampoco.

Alejandra   ¿Ni más daguita?

Juan   Fui un loco.

Alejandra   ¿Ni amenazas?

Juan   ¿Por qué?

Alejandra   Y si en el Prado algún día
                    me llegase el conde a hablar,
                    ¿tiénesle de acuchillar?

Juan   Gran disparate sería.

Alejandra   Y si por la calle pasa
                    y me asomare al balcón,
                    ¿ha de haber reprehensión?

Juan   Aunque le metas en casa.

| | Y no me apures; que harás
que me infame mi locura;
que yo fío en tu cordura
que todo lo excusarás.
    ¿Quién es? Dime, hermana bella. |

| Alejandra | No podré con claridad;
que en un día de amistad,
¿qué te podré decir de ella?
    Que aun su nombre, te prometo,
don Juan, que se me ha olvidado;
pero de ella y de su estado
te informa como discreto
    de don Carlos, porque él sabe,
como Garcerán, quién es,
y haráslo por mi interés;
que es la mujer más suave,
    más cuerda y entretenida,
más agradable y graciosa,
más dulce y más amorosa
que he conocido en mi vida,
    y dejóme tan prendada,
que visitarla quisiera
y aquesta tarde lo hiciera
a saber de su posada. |

| Juan | Pues, voyle, Alejandra, a hablar;
que trazar con él querría
que pueda en tu compañía
verla, hablarla y visitar. |

(Vase.)

| Alejandra | Leonardo, ¿no es extremada |

	la locura de mi hermano?
Leonardo	Desengañarle temprano es cosa más acertada; 　que amor y pasión tan fuerte pueden quitarle el juicio; que el demasiado ejercicio de la fantasía es muerte.
Alejandra	Estáme bien que don Juan trabe amistad con los dos.
Leonardo	A él le está mal, por Dios, y peor al capitán. 　Ya entiendo tu pensamiento, y el fin a que corresponde; que en su amistad la del conde apoyas.
Alejandra	Ése es mi intento; porque el capitán, Leonardo, me cansa con su porfía.
Leonardo	Pues para aquel triste día que te desposes te aguardo.
Alejandra	¿Yo desposar con mi tío? ¡Jesús! Leonardo, primero me mataré.
Leonardo	Intento fiero. En Dios, señora, confío; 　porque en la dispensación tenía dificultad,

| | y es mucha la autoridad
del conde en esta ocasión. |

| Alejandra | Es verdad, pero el temor
enflaquece mi esperanza,
porque es la desconfianza
hija bastarda de Amor;
   hablar al conde quisiera. |

| Leonardo | Iréle a buscar, si quieres. |

| Alejandra | ¡Ay, mi Leonardo! Tú eres
mi remedio; parte... Espera. |

(Sale Rugero.)

| Alejandra | Rugero, seas bienvenido.
¿Y el conde? |

| Rugero | Queda en la calle. |

| Alejandra | Di que se apee; que hablalle
deseo. |

| Leonardo | Intento atrevido. |

| Rugero | Voyle a avisar. |

(Vase.)

| Leonardo | Rematada,
señora, estás; vuelve en ti,
no quieras se acabe aquí
la tragedia comenzada. |

    ¿No te escarmienta el aprieto
en que te viste, pasado?
Háblale, mas con cuidado;
tenle amor, mas con secreto.
    Teme a tu hermano mayor
y a las canas de tu tío,
tu peligro si no el mío,
mi vida si no tu honor.
    No pienses que el conde es Carlos
que se puede disfrazar,
fingir ni disimular
ni has de volver a engañarlos.

Alejandra	Que no hay temor que me impida; que quien tan de veras ama atropella con su fama, con honor, hacienda y vida; y no estés tan temoroso; que cuando venga don Juan y mi tío el capitán hallaránme con mi esposo.

(Sale el conde Horacio.)

Horacio	Mi bien, ¿tan grande favor con tantos inconvenientes?
Alejandra	Señales son evidentes, conde, de mi firme amor y del peligro presente, que es la causa que mi obliga a que despacio te diga lo que el alma sufre y siente.

Leonardo	Si ha de ir la conversación tan despacio, considera que en esta sala primera no estáis bien.
Alejandra	Tienes razón.
Horacio	Eres, Leonardo, discreto.
Alejandra	En la pieza de mi estrado nos entremos; ten cuidado.
Leonardo	¿Y yo, qué tendré?
Alejandra	Secreto.

(Vanse y salen don Garcerán y Solano.)

Garcerán	¿Qué yo me caso, Solano?
Solano	¿Y fuera gran maravilla estar injerto en Castilla un naranjo valenciano?
Garcerán	¿Y que es con doña Mencía?
Solano	Así me lo dio a entender Jaramillo.
Garcerán	Puede ser; mas no es tal la suerte mía. ¿Halo soñado?
Solano	No sueña,

	porque no duerme jamás.
Garcerán	¿Cómo vive?
Solano	Bueno estás; vivirá más que una dueña; 　es encantado. Experiencia he hecho de esta verdad por tener necesidad de asegurar mi conciencia; 　que no sé qué he sospechado después que duerme conmigo, y de un cristiano y amigo sospechar mal es pecado.
Garcerán	¿Qué sospechas?
Solano	Lo que temo: que es hermafrodito.
Garcerán	¡Extraño juicio!
Solano	Pues, no es extraño; que es hermafrodito o memo.
Garcerán	¿Qué dices?
Solano	Buena es la risa.
Garcerán	Necias imaginaciones.
Solano	Si se acuesta con calzones, y se cose la camisa,

	y se viste con estrellas,
	y se entra en la cama a oscuras,
	¿son muestras éstas seguras
	para presumir bien de ellas?
Garcerán	Pues, ¿quieres tú condenar
	lo que es recato y limpieza?
	¡Bueno estás de la cabeza!
Solano	Muy malo debo de estar;
	pues juro a Dios que el coserse,
	madrugar y recatarse,
	no dormir y retirarse,
	y en la cama recogerse,
	que tiene algún fundamento,
	y mayor que el que barrunto;
	pero ya he dado en el punto
	o no tengo entendimiento.
	Y es, don Garcerán, forzoso
	que una de dos ha de ser:
	que es Jaramillo mujer,
	y si no mujer, potroso.
Garcerán	Entrambas cosas, Solano,
	son posibles; mas, ¿qué has hecho,
	pues que no te has satisfecho,
	estando del pie a la mano?
Solano	Pregúntale a mi cuidado
	lo que de noche procuro,
	mas mientras más me aseguro,
	le hallo menos descuidado.
	Yo finjo si él disimula,
	y déjole asegurar,

	mas si le vuelvo a palpar,
	vuelve el anca como mula.
Garcerán	Tú traes terrible contienda;
	pero por eso no dejes
	la empresa, aunque más le aquejes,
	y él se resista y defienda;
	que si es mujer, de su engaño
	otro se infiere mayor,
	porque sus trazas Amor
	guía por camino extraño.

(Salen el conde Horacio y Rugero.)

Horacio	¿En qué me puedo emplear
	que me esté tan bien, Rugero?
Rugero	Mira lo que haces primero.
Horacio	Que no tengo qué mirar;
	es Alejandra hermosa,
	rica, honesta, limpia, afable,
	discreta, dulce, agradable,
	cuerda, sabia y virtuosa;
	y quiérola tanto, en suma,
	que a don Juan se la pidiera,
	aunque en las malvas naciera
	como Venus en la espuma.
Solano	El conde, don Garcerán.
Garcerán	¡Oh, señor! Seáis bien venido.
	¿Qué buen viento os ha traído?

Horacio	Salí a buscar a don Juan.
Garcerán	¿Qué le queréis?
Horacio	Consultar con él cierto parecer.

(Salen doña Mencía y Leonor.)

Mencía	¿Es hora ya de comer, Solano?
Solano	Y aún de cenar.
Mencía	¿Qué hace tu amo?
Solano	¿Estás ciego? ¿No le ves entretenido con el conde?

(Aparte las dos.)

Mencía	¿Has me entendido?
Leonor	Sí, señor.
Mencía (Vase Leonor.)	Pues, parte luego. ¿Podré, señores, terciar en esta conversación?
Garcerán	Llegáis a buena ocasión; que ahora se empezó a entablar.
Mencía	¿Y qué es el juego?

Horacio	De damas.
Mencía	¿Y qué se juega?
Horacio	Favores.
Mencía	Mirón soy, no tengo amores,
	ni son para mí sus llamas;
	jugad los dos en buen hora,
	que yo veré desde afuera.
Garcerán	Por daros gusto lo hiciera,
	mas hállome pobre agora.
Mencía	Pues tened firme esperanza;
	que presto caudal tendréis,
	con quien perdáis y ganéis,
	con quien tanto bien alcanza.
Horacio	Más pobre soy en mi estado
	que en el suyo Garcerán,
	si alimentos no me dan
	por verme tan empeñado;
	que Alejandra en este punto
	al juego de bien amar
	me ha acabado de ganar
	cuerpo y alma, todo junto;
	y como la cantidad
	es infinita en rehenes,
	como más seguros bienes,
	le dejo mi libertad.
Garcerán	Tales pérdidas, señor,

	por ganancia las tened;
	mas quien os cogió en la red
	era gentil cazador.

Horacio   ¿Qué más redes que razones
           dichas con labios suaves?
           ¿Ni qué cazador, que graves
           y fuertes obligaciones?
               Resuelto estoy, Garcerán,
           a casarme, mas quisiera
           ordenarlo de manera
           que lo supiera don Juan.

Garcerán   Antes soy de parecer
           que no lo sepa, si es llano
           que ha de procurar su hermano
           la boda descomponer;
               que si está su fe empeñada
           y la hermana prometida,
           antes perderá la vida
           que romper la fe jurada,
               y en tal caso es acertado
           meteros en posesión;
           que si la dispensación
           llega, os hallaréis burlado.

Horacio   Vendrá con dificultad,
           porque de Roma he sabido
           que con ellos no ha querido
           dispensar su santidad.

Mencía   Que dispense o no, señor,
           yo me ofrezco a darlos llano,
           como a la hermana, al hermano.

	No os embarace el temor;
	que don Juan, agradecido,
	se me muestra hoy mi galán.

Horacio   Ya me ha dicho Garcerán
           lo que pasa.

Mencía   Está perdido.
           Hoy en la calle me habló,
           y con el alma en la boca
           me dijo su pasión loca.

Garcerán   ¿Tanto el disfraz le picó?

Mencía   Y picará cada día,
           si es Alejandra instrumento
           de que dure su tormento,
           pues a mis manos le envía;
              porque sin duda don Juan
           le ha pedido que le diga
           quién era aquella su amiga
           que sosegó al Capitán,
              y habrále dicho que yo
           la conozco, y el cuitado
           por ella me ha preguntado.

Garcerán   ¿Desengañástele?

Mencía   No;
           antes dije ser verdad
           que muy bien la conocía.
           Díjele dónde vivía,
           nombre, estado y calidad,
              y cómo había enviudado,

	que hizo menos su tormento; porque ya en su pensamiento se representa casado.
Garcerán	¡Graciosa burla! Decí, ¿quién dijiste que era?
Mencía	Extraño os parecerá el engaño. Todas las partes le di de aquella doña Mencía que vos olvidáis ausente.
Garcerán	Mi fe agraviáis; que presente está en la memoria mía. Conde, don Carlos intenta, con tan ingeniosos modos, si no burlarnos a todos, meternos en una afrenta.
Mencía	Mejor lo podéis decir cuando veáis lo que pasa; que ésta, dije, era su casa, y hoy a verme ha de venir.
Garcerán	Según eso, habrá de haber segunda transformación.
Mencía	Y aún tercera.
Solano (Aparte.)	(Aquéstos son deseos de ser mujer.)
Mencía	Monjil y tocas he hecho

	prevenir a Jaramillo.
Solano (Aparte.)	(Que quiere este monacillo darme un buen día sospecho.)
Horacio	Pesada burla ha de ser.
Mencía	¿Y no se la hacéis mayor hoy al capitán, señor, si le quitáis la mujer?
Solano (Aparte.)	(De estas burlas, por Solano, pocas o ninguna. Arredro el casarme, si esto medro.)
(Sale Leonor.)	
Leonor	No os deis tanta prisa, hermano.
(Sale el Correo.)	
Correo	Vengo cansado, y deseo descansar siquiera un rato.
Leonor	¿El caminar no es buen trato?
Correo	Ni vida la del correo.
Mencía	¿Qué hombre es ése, Jaramillo?
Leonor	El peón que despachaste.
Mencía	Pues, bachiller, ¿qué pensaste primero para decillo?

	Seáis, hermano, bien venido.
Garcerán	Solano, dale un doblón de albricias a este peón, para beber.
Correo	Ya he bebido.
Solano	Pues yo no, y a vuestra cuenta me beberé la mitad.
Garcerán	Dale dos.
Horacio	La brevedad lo merece.
Garcerán	Dale treinta.
Mencía	¿Traéis cartas?
Correo	Este pliego.
Garcerán	Abridle presto, señor.
Mencía	Sosegáos.
Garcerán	¿Quien, con temor, tiene, don Carlos, sosiego?
Mencía	¿Sabéis si estaba don Tello de camino?
Correo	Antes que yo de Salamanca partió.

Mencía	No ha llegado.
Correo	Detenello pudo cierta viuda hermosa, que a esta corte ha de venir.
Garcerán	¿No sabéis a qué?
Correo	A vivir.
Garcerán	¿Vístela?
Correo	Vila; es famosa... y algo en la fisonomía le parecéis, señor, vos.
Mencía	¡Bien a fe!
Garcerán	Conde, por Dios, que es ésta doña Mencía. ¿Abristeis el pliego?
Mencía	Sí. Idos en buen hora, amigo. Tú le despacha.
Correo	¿Qué digo? ¿Qué es del doblón?
Solano	Veisle aquí.

(Vase el Correo. Lee doña Mencía.)

Mencía	«A don Garcerán.»
Garcerán	¿A quién?
Mencía	A vos, dice.
Garcerán	No lo creo; que a los tristes el deseo les da por brújula el bien.

(Toma la carta.)

Horacio	Abridla, no seáis pesado. Leed sin desconfianza; que en brazos de la esperanza muchos, sin vos, se han librado.
Garcerán	Abierta está.
Horacio	Leed.
Garcerán	Ya leo.
Mencía	Nunca vi amor tan cobarde.
Garcerán	¡Ay, don Carlos! Dios os guarde de veros como me veo.
(Lee.)	«Tras tantos meses de olvido, cruel fugitivo Eneas, con el gusto que deseas recibió tu carta Dido; que no pudo la crueldad de tu rigurosa ausencia

    descomponer la asistencia
de mi firme voluntad.
    Que me has tenido quejosa
puedo decir con razón,
mas ya apruebo la ocasión
y digo que fue piadosa;
    y así, estimando tu fe,
admitiré tus disculpas;
que culpas que excusan culpas,
mal condenarlas podré.
    Que tu mudanza, en rigor,
hace en mí mayor efecto;
que en lo que en ti fue respeto
en mí viene a ser amor.
    Éste me lleva tras sí,
y porque estoy de partida,
ten lástima de mi vida
por la que tengo de ti.
    Que hasta verte, ¡alegre día!,
ni hora sin ti ver espero.
De Salamanca, a primero
de mayo. Doña Mencía.»

Mencía	¿Qué os parece? ¿Estáis contento?
Garcerán	Y tan loco de placer
	el alma, que a encarecer
	no lo acierta el sentimiento.
	Carta de consuelos llena
	y privilegio rodado,
	por donde estoy excusado
	de la merecida pena;
	carta que en el mar incierto
	de mi continuo penar

         sois carta de marear,
         que me encamináis al puerto;
            carta de pago y remate
         de todas cuentas pasadas,
         en su memoria olvidadas,
         para que sus dudas trate;
            carta ejecutoria mía
         tan en mi favor ganada,
         que al alma sirve de honrada
         y generosa hidalguía;
            carta mía, real decreto,
         en donde vienen librados
         los frutos de mis cuidados,
         premio de mi amor perfeto;
            bendigo, carta, la mano
         hermosa que te escribió,
         la lengua que te dictó,
         el estilo soberano,
            el papel, la tinta y pluma,
         apacibles instrumentos
         que, tocados, mis tormentos
         deshicisteis como espuma;
            bendigo...

Mencía   Don Garcerán,
         ¿sobre qué pueblo bendito,
         ciudad, provincia o distrito
         tantas bendiciones van?

Horacio   Finezas, don Carlos, son
         de su amor.

Solano   Y su locura,
         pues quita el oficio al cura

                         e incurre en excomunión.

Garcerán   Bien me tratáis.

Mencía   ¿Queréis ver
                    lo que me escriben a mí?

Garcerán   La sustancia referí.

Mencía   La carta podéis leer;
                       que lo que me dicen es
                    con el cuidado que dieron
                    las cartas que recibieron.

Garcerán   Y este don Tello, ¿quién es?

Mencía   Un honrado caballero
                    con quien en su mocedad
                    tuvo mi padre amistad
                    en Saboya, y hoy le espero.

Leonor   ¿No sabes que ha de venir
                    don Juan?

Mencía   Ya lo sé.

Leonor   ¿Qué esperas?

Horacio   Y al fin, ¿qué? ¿Queréis de veras
                    burlarle?

Mencía   Y como a vestir
                       me voy, esperadme un rato;
                    que de estas burlas que veis

                    los dos conocer podréis
                    si son veras las que trato.

(Vanse doña Mencía y Leonor.)

Horacio   Es don Carlos extremado.

Garcerán   Y de un ingenio excelente,
                     y de verle tan prudente
                     y tan mozo me he admirado.
                        Débole, conde, la vida;
                     que él ha sido mi remedio,
                     pues por andar de por medio
                     no está en penas consumida.
                        Por él de doña Mencía
                     veré aquel cielo sereno,
                     y veré mi pecho lleno
                     de contento y de alegría.

Horacio   ¿No pensáis hacer, si viene,
                     alguna demostración?

Solano   Librea habrá de invención.

Garcerán   ¿Qué ha de hacer el que no tiene?

Solano   Si te tienes de casar,
                     no se excusa. Hazla del paño
                     que en las caras traen hogaño
                     las damas de este lugar;
                        con guarnición de un castillo,
                     si no la quieres de espada,
                     gala al fin no muy usada,
                     mas es de acero y martillo.

　　　　　　Los herreruelos suizos,
　　　　　que nunca parecen mal,
　　　　　con cuello de Portugal
　　　　　que un moro los hará hechizos.
　　　　　　Y echarásles pasamanos
　　　　　de corredor o escalera,
　　　　　con botones en hilera
　　　　　que asientan los cirujanos.
　　　　　　Sus bandas de arcabuceros
　　　　　y ligas de venecianos,
　　　　　con que saldrás más lozanos
　　　　　que Durandarte y Gaiferos.
　　　　　　Jubones al parecer,
　　　　　del verdugo de la villa,
　　　　　que los corta a maravilla
　　　　　tan justos que es un placer.
　　　　　　Y porque presto se estragan
　　　　　los sombreros, acomoda
　　　　　sus cabezas a tu moda,
　　　　　con gorras que nunca pagan.
　　　　　　Y así, de balde vestidos,
　　　　　tus pajes y tus lacayos
　　　　　saldrán como papagayos
　　　　　y como Pascua floridos.

Garcerán　　　　Tienes buen gusto, Solano.
　　　　　　　　La invención me ha satisfecho.

Solano　　　　　Es librea de provecho
　　　　　　　　y de invierno y de verano.

Horacio　　　　　Gracia has tenido. Dinero
　　　　　　　　no os ha de faltar. Vestid
　　　　　　　　cuatro o seis pajes. Lucid.

	Tratáos como caballero;
	que con una letra mía
	os dará mi mercader
	lo que fuere menester;
	que él me presta y él me fía.
Solano	¿Qué fía? ¿Sobre qué prenda?
Horacio	¿Aquesto te da cuidado?
Solano	No sin causa me le ha dado.
Horacio	Fíame sobre mi hacienda.
Solano	¿Adminístratela?
Horacio	Sí.
Solano	¡Lastimosa perdición!
Garcerán	Arbitrios, Solano, son de ahorrar.
Solano	¡Y de gastar! Di:
	y de mayores empeños;
	que estos administradores
	son de la hacienda señores,
	y verdugos de sus dueños,
	y peor si es mercader
	que dulcemente degüella
	y fieramente desuella
	al tiempo del menester,
	y si llegáis a sacar
	paño o seda, sin reparo

lo peor y lo más caro
te han de venir siempre a dar,
   y así desmedra tu hacienda
por donde piensas que gana,
y el otro rica y ufana
tiene su bolsa y su tienda.
   Mas a aceptar no te excusa,
Garcerán, lo que te ofrece,
pero no se lo agradece;
que dicen que no se usa,
   y mete con la librea
vestidos para ti y todo,
y vestiráste a lo godo,
que es gala que más campea.
   Cálcete media botarga,
jubón con punta de armar,
herreruelo al carcañar
y la ropilla ancha y larga,
   sombrero sobre la frente,
corto y sin pegar el cuello,
peinado y largo el cabello,
gesto y voz a lo doliente.

Garcerán   No me descontenta el traje.
¿Quién lo trae?

Solano   Gente de humor,
con punta y collar de honor,
entre escuderete y paje,
   gente, al fin, de media suela,
en la corte entreverada,
como tocino de ijada,
ni bien trucha ni truchuela.

Garcerán	Pues ya me parece mal, que si ese hábito trajera un gran señor, le siguiera como premática real, pero de gente ordinaria, ni por imaginación; porque tiene la elección civil, disconforme y varia.

(Salen doña Mencía, en hábito de viuda, y Leonor en el dicho.)

Mencía	Dime si salgo bien puesta.
Leonor	Tú te los sabes; el alba pareces cuando despierta y a las puertas del Sol llama.
Horacio	Volved, Garcerán, los ojos; veréis entre nubes blancas prodigiosos resplandores y maravillas extrañas.
Garcerán	Muerto soy, conde, a traición; que quien con la vista mata, con un rayo poderoso me ha muerto por las espaldas. Doña Mencía, señora, de mi libertad esclava, Reina de mis pensamientos, natural que no bastarda, ¿es posible que te veo? ¿Es posible que me amas? Mas no puede ser posible porque me escuchas y callas.

Solano	¿Y es, don Garcerán, posible
que un hombre con tantas barbas
no echa de ver que es don Carlos,
y no mujer, con quien habla?
Mencía	¡Vive Dios!, don Garcerán,
si no os reportáis, que haga
un disparate con vos.
Garcerán	¿Cómo, señora, tan brava,
tan fiera para conmigo?
Mencía	¿Cómo tan fiera? Ya pasa
aquesta descortesía
a ser injuria pesada.
Jaramillo, dame presto
mi espada; que a cuchilladas
le haré saber si soy hombre
o mujer cobarde o flaca.
Horacio	¡Sosegaos! Don Garcerán,
¿qué ideas son esas vanas?
¿No echáis de ver que es don Carlos,
y que es el mismo que trata
vuestro descanso y el mío
aunque está con tocas largas?
Garcerán	Ya lo veo, conde amigo,
pero camino no halla
mi confuso entendimiento
para salir de esta calma.
Horacio	Vos le hallaréis, no es dé pena.

Solano   Don Juan viene.

Horacio   Y Alejandra,
            si no me engaño, y Leonardo.

Solano   ¿Qué enigmas son éstas varias?

(Salen don Juan, Alejandra, y Leonardo.)

Mencía   Señora Alejandra.

Alejandra   Amiga,
            ¿qué lastimosa desgracia,
            qué desdicha ha sido aquésta?
            ¿Hoy viuda, ayer casada?

[A su hermana.]

Juan   Si se ofreciere ocasión,
            y aunque no se ofrezca, trata
            con ella de mi remedio.

Mencía   ¿Qué os dice don Juan?

Alejandra   No nada.
[A el.]   Habla a Garceran y el conde;
            que yo le diré tus ansias.

Mencía   Hablad más quedo.

Garcerán   ¿Solano?

Solano   ¿Señor?

Garcerán	Mira bien, repara, ¿no es ésta doña Mencia?
Solano	¿Todavía estás en Babia? Digo que se le parece como a un huevo una castaña.
Garcerán	¿No son sino unas facciones?
Solano	No, señor, sino contrarias; y hay la misma diferencia que entre la silla y la albarda.
Garcerán	¿Qué dices? ¿Está borracho?
Solano	Y tú, ¿qué estás? ¡Calabaza!
Horacio	¿No es graciosa la prudencia? Garcerán, ¿es de importancia que sea agora o no sea don Carlos?
Solano	¡Locura extraña!
Alejandra	Cuando sepa la verdad, don Juan, no importará nada. Decidle, Carlos, que el conde es mi esposo y que se cansa si piensa que de su tío he de ser mujer forzada. Yo sé romperá por vos con promesas y palabras, que inconvenientes mayores

	quien tiene amor desbarata.
Mencía	Llamadle.
Alejandra	Hermano, don Juan, llégate más cerca. Acaba.
Juan	¿Quién mira al Sol sin temer los rayos que le amenazan?
Horacio	¿No os divierte, Garcerán, el ver allí lo que pasa? A don Carlos dice amores don Juan.
Garcerán	Con ellos me abrasa.
Horacio	¿Tenéis celos?
Garcerán	Celos tengo. ¡Celos, conde, celos! ¡Rabia!

(Sale el capitán don Beltrán.)

Beltrán	Señor don Juan, ¿qué es aquesto? ¿Vos aquí y con Alejandra? ¿Con mis propios enemigos tanto gusto, amistad tanta?
Juan	No os alborotéis, señor, hasta que sepas la causa; que a darle el pésame vino a esta señora mi hermana; que ha enviudado, como veis,

	y en semejantes desgracias
	han de acudir las amigas.
	como es justo, a consolarlas.
Beltrán	¿Y quién es esta señora?
Juan	Aquella bizarra dama
	que os compuso con el conde
	cuando la cuestión pasada.
	Pienso que será mi esposa;
	que desde aquel día el alma
	le rendí, y ella es, señor,
	el cuerpo donde descansa.
Beltrán	¿Es principal?
Juan	Partes tiene
	divinas. De Salamanca
	es natural.

(Salen don Tello, caballero viejo, y un Criado.)

Criado	Aquí vive.
	Ésta es, señor, su posada.
Tello	Avisa, Medrano... Espera,
	que ésta es mi sobrina. Abraza,
	doña Mencía, a don Tello.
Mencía	Tío, de muy buena gana.
Garcerán	¿Qué es esto que estoy mirando?
	¿Doña Mencía se llama,
	caballero, esta señora,

	y no don Carlos?
Tello	¡Qué gracia!
Horacio	¿Qué decís, señor? ¿Mujer es el que habláis?
Tello	¿Esta casa es de locos o de cuerdos? Sobrina, ¿es torre encantada? ¿Qué es lo que estos caballeros ponen en duda?
Mencía	Más larga relación pide, señor, su admiración.
Solano (Aparte.)	(¿Inventara Satanás mayor embuste? Pero, ¿qué ingenio se iguala al de mujeres? ¿Qué enredos ni quién como ellas los traza?)
Mencía	Después os diré, señor, mi historia en breves palabras. Baste, señor, por agora que me halláis, si no casada, concertada por lo menos, con un hombre en quien se hallan gentileza y gallardía, lealtad, amor, fe, constancia; y solo vuestra venida aguardé, porque me honrara la generosa presencia

	y respeto de tus canas.
Tello	¿Y quién es el caballero, / señora, con quien te casas?
Mencía	El señor don Garcerán.
Garcerán	¿Qué hombre mortal alcanza / tanto bien? Dame tus brazos / mi fénix de Salamanca.
Mencía	Y el alma, señor, con ellos.
Garcerán	Y vos, don Tello, esas plantas, / por la merced que recibo / de aquesas manos hidalgas.
Tello	Con el amor que Mencía / os doy mis brazos.
Juan	Hermana, / ¿qué es esto que ven mis ojos?
Alejandra	Pues, ¿de qué, don Juan, te espantas? / Efectos son del amor.
Mencía	Háblame, bella Alejandra.
Alejandra	Y agora con más razón.
Mencía	Jaramillo, ¿por qué callas?
Leonor	¿He de hablar sin ocasión?

Tello	¿Es tu criado?
Mencía	¡Y criada!
Tello	¿Ésta es Leonor?
Leonor	Sí, señor. Leonor soy y vuestra esclava.
Solano	¡Cómo! ¿También Jaramillo era mujer? ¡Que en mi cuadra la haya tenido dos meses, y no he sabido nada! Señor don Carlos, primero, y doña Mencía, octava maravilla, más famosa que no las siete nombradas, pues dos meses de aposento tuve con aquesta ingrata con nombre de Jaramillo, haz se quede en mi posada con nombre de mi mujer porque así me desagravia.
Mencía	Quisiera darte a Leonor, Solano, mas no le agrada a Leonor tu casamiento.
Solano	¿No? Pues fraile soy sin falta.

(Sale Camilo curial de Roma.)

Camilo	¿Señor capitán?

Beltrán	Don Juan, la dispensación sin falta os trae el señor Camilo.
Camilo	No ha querido mi desgracia. Antes os vengo a decir que su santidad el papa no ha querido dispensar porque...
Beltrán	No digáis las causas, basta decir que no quiso; que en tales casos no basta ser el curial diligente. No nací para Alejandra.
Mencía	Pues por el conde suplico al señor don Juan su hermana le dé por mujer, y a vos tengáis por bien que se haga.
Beltrán	Yo, señora, se lo ruego; que mi sobrina levanta su nombre con su grandeza y yo intereso su gracia.
Horacio	Bésoos las manos, señor, por tan generosa hazaña.
Juan	Pues el capitán, mi tío, tan fácilmente se llana, Alejandra es vuestra, conde, y ella sola es la que gana; que el que pierde aquí soy yo,

	pues burló mis esperanzas
	y mi amor doña Mencía;
	pero escogió como sabia.

Garcerán   Paciencia, señor don Juan;
            que burlas, y más de damas,
            podéis tener por favores
            y pues la noche está en casa,
            y la cena prevenida,
            no hay sino a placer gozarla.

Beltrán   Es el consejo de amigo.

Garcerán   Perdón, senado, se aguarda,
            y demos con esto fin
            al Fénix de Salamanca.

(Vanse todos.)

Fin de la comedia

Libros a la carta

A la carta es un servicio especializado para
empresas,
librerías,
bibliotecas,
editoriales
y centros de enseñanza;
y permite confeccionar libros que, por su formato y concepción, sirven a los propósitos más específicos de estas instituciones.

Las empresas nos encargan ediciones personalizadas para marketing editorial o para regalos institucionales. Y los interesados solicitan, a título personal, ediciones antiguas, o no disponibles en el mercado; y las acompañan con notas y comentarios críticos.

Las ediciones tienen como apoyo un libro de estilo con todo tipo de referencias sobre los criterios de tratamiento tipográfico aplicados a nuestros libros que puede ser consultado en Linkgua-ediciones.com.

Linkgua edita por encargo diferentes versiones de una misma obra con distintos tratamientos ortotipográficos (actualizaciones de carácter divulgativo de un clásico, o versiones estrictamente fieles a la edición original de referencia). Este servicio de ediciones a la carta le permitirá, si usted se dedica a la enseñanza, tener una forma de hacer pública su interpretación de un texto y, sobre una versión digitalizada «base», usted podrá introducir interpretaciones del texto fuente. Es un tópico que los profesores denuncien en clase los desmanes de una edición, o vayan comentando errores de interpretación de un texto y esta es una solución útil a esa necesidad del mundo académico.

Asimismo publicamos de manera sistemática, en un mismo catálogo, tesis doctorales y actas de congresos académicos, que son distribuidas a través de nuestra Web.

El servicio de «libros a la carta» funciona de dos formas.

1. Tenemos un fondo de libros digitalizados que usted puede personalizar en tiradas de al menos cinco ejemplares. Estas personalizaciones pueden ser de todo tipo: añadir notas de clase para uso de un grupo de estudiantes, introducir logos corporativos para uso con fines de marketing empresarial, etc. etc.

2. Buscamos libros descatalogados de otras editoriales y los reeditamos en tiradas cortas a petición de un cliente.

www.ingramcontent.com/pod-product-compliance
Lightning Source LLC
Chambersburg PA
CBHW022109090426
42743CB00008B/784